학생부·자소서·면접 멘토링

학생부·자소서·면접 멘토링

지은이 대입멘토 한수진
펴낸이 임상진
펴낸곳 (주)넥서스

초판 1쇄 발행 2019년 7월 26일
초판 2쇄 발행 2019년 7월 30일

2판 1쇄 인쇄 2021년 3월 5일
2판 1쇄 발행 2021년 3월 10일

출판신고 1992년 4월 3일 제311-2002-2호
주소 10880 경기도 파주시 지목로 5
전화 (02)330-5500 팩스 (02)330-5555

ISBN 979-11-6683-026-6 43370

www.nexusbook.com

대입 수시 합격의 **기적**을 만드는

학생부
자소서
면접 🏛
멘토링 🎯

대입멘토 한수진 지음

넥서스에듀

헬로! 수험피플!
여러분의 대입멘토 한수진입니다.

　학생들이 대입에 대해 가지고 있는 열정과 의지는 대단합니다. 하지만 고등학교 생활 3년 중 어떤 시기에 어떤 활동을 하고, 나의 진로와 관련하여 어떤 과목을 힘주어 공부해야 하는지 알고 있는 학생은 아주 드뭅니다. 그러다보니 대부분의 학생들이 구체적인 목표를 세우거나 자신의 과업에 대한 성취감 없이 안개 속을 헤매는 느낌으로 대입을 준비하는 경우가 많습니다. 그런 이유는 학생들이 대입에 대한 구체적인 가이드라인을 제시받거나 배운 적이 없기 때문입니다.

　자신의 목표와 진로에 따라 세부 활동의 내용은 달라질 수 있지만, 고등학교 생활이라는 정해진 환경 안에서 학업과 활동을 해 나갈 최적의 시기는 정해져 있습니다. 그 최적의 시기를 미리 가늠하여 계획한다면 대입 준비의 골든타임들을 놓치지 않고 채워나가리라 생각합니다. 이러한 목적으로 월별로 학종 가이드라인을 정리하여 제시하였고, 그것을 바탕으로 학생 스스로 자신의 일정에 맞게 이를 활용하여 계획하고 비교과 활동의 플래너 작성을 통해 시간을 효율적으로 운영할 수 있도록 돕고자 합니다.

　수시 대입 준비를 해 나가는 실질적인 고등학교 학기를 1학년 1학기, 1학년 2학기와 2학년 1학기, 2학년 2학기와 3학년 1학기, 3학년 2학기, 총 4개의 시기로 구분하였고, 기간이 긴 겨울방학을 효율적으로 계획하여 다음 학기를 준비할 것을 추천합니다. 고등학교 수험기간을 이 책과 함께하며 자신의 비교과 플래너로 활용하여 스스로 대입을 준비해 나가는 데에 도움이 되길 바랍니다.

수시를 준비하는 고등학생 학사일정					
1학년 1학기	1학년 2학기	2학년 1학기	2학년 2학기	3학년 1학기	3학년 2학기
적응기	진로탐색시작	진로탐색확장	진로탐색완료	진로심화탐구	마무리

글로 쓰여진 설명을 읽고 해석하는 것에는 늘 한계가 있다고 생각하기 때문에 이 책의 모든 내용은 제가 직접 해설한 영상을 함께 제공합니다. 이와 같은 생각으로 어렵고 복잡한 대입을 쉽게 이해할 수 있는 다양한 방법들을 고민하였고, 그 결과 유튜브 해설 영상과 매일 밤 진행하는 대입질의응답 라이브 방송을 통해 많은 수험생들의 대입 고민을 해결해드리게 되었습니다. 이 과정에서 대입을 준비하는 수험생들이 공통적으로 궁금해 하던 내용들, 대입을 준비하는 과정에서 꼭 알아야 하는 내용을 이 책 안에 Q&A형식으로 정리하여 전달함으로써 대입에 대한 이해를 높이고자 노력했습니다. 특히 코로나19로 대입 일정 연기, 대입 방법의 변화, 등교의 한계 등으로 대입 준비가 유난히 어려웠던 시기를 극복하기 위해 활용했던 비대면 활동의 내용과 새롭게 도입되는 서류 블라인드 평가 및 학교생활기록부 반영 변화 등을 새롭게 포함하였습니다. 수시 대학 선택, 자기소개서 작성, 면접 준비 과정에서 가장 궁금해하는 질문을 해결해드림으로써 효율적으로 준비해 나갈 수 있는 가이드가 되길 바랍니다.

대입을 준비하며 궁금한 사항은 매일 밤 11시 유튜브 라이브 방송에 참여하여 실시간으로 질문하고 답변받으실 수 있습니다. 수험생들의 목표 대입 성공을 바라는 마음으로 언제나 여러분을 응원합니다.

대입멘토 한수진

합격을 향한 수험생 다이어리

월별로 완성하는 학생부종합전형 준비

PART 1

PART **3** 대입 수시 자기소개서 Q&A

자기소개서에 대해 궁금한 모든 것

PART 4 대입 수시 면접 Q&A
면접에 대해 궁금한 모든 것

최종 대학 선택 시 유의사항

PART 5

후회 없는 대학 선택 가이드라인

PART 6 나만의 다이어리 작성법

학교생활기록부 항목별 나의 비교과 다이어리

부록

대입 수시의 기적을 만드는 **월별 학사 일정표**

주간 비교과 다이어리 & 독서 활동지 (www.nexusbook.com)

1 월별로 준비하는 학생부종합전형 전략

고1~고3까지 학년에 따라 어떤 전략으로 학생부를 준비해야 하는지에 대한 전략을 월별로 상세히 정리했습니다. 월별로 자신이 한 주요 활동을 작성할 수 있도록 주요 활동 작성 페이퍼도 제공합니다. 학생부종합전형의 확실한 전략을 세우는 가이드라인이 될 수 있습니다.

월별 세부 일정표
고등학교 입학 후 매월 어떻게 전략을 세워야 하는지 세부적인 일정을 확인할 수 있습니다.

저자 동영상 강의
QR코드 스캔하면 저자의 상세한 동영상 강의를 볼 수 있습니다.

2 Q&A로 알아보는 대입 수시 전략

대입 수시 관련해서 학생들이 가장 궁금해하는 질문을 모았습니다. 자소서 작성부터, 면접까지 상세하고 친절한 설명, 그리고 저자 강의를 추가로 제공합니다. 추가적으로 궁금한 내용은 매일 밤 11시 저자가 진행하는 유튜브 라이브방송을 통해서 궁금증을 해결해 보세요. (유튜브에서 대입멘토 한수진을 검색해 보세요)

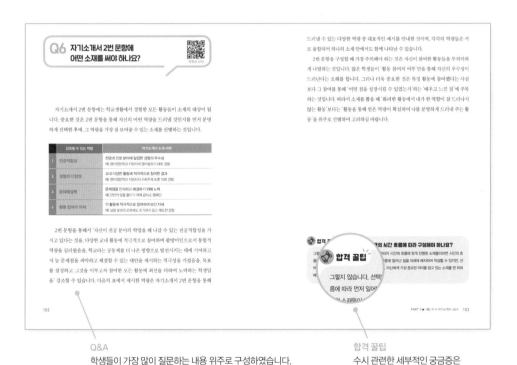

Q&A
학생들이 가장 많이 질문하는 내용 위주로 구성하였습니다.
수시 관련한 궁금증을 한번에 해결할 수 있습니다.

합격 꿀팁
수시 관련한 세부적인 궁금증은
합격 꿀팁을 통해서 해결할 수 있습니다.

합격을 향한 수험생 다이어리

월별로 완성하는 학생부종합전형 준비

3월 학생부 종합전형 준비

동영상 강의

3월 주요 일정

학년	내용	1~10일	11~20일	21~31일
고1	주요 일정	· 3월 학력평가	· 담임선생님 상담 (학생 또는 학부모)	
	교과		· 과목별 수업 특성 파악	· 과목별 학습 방법 구축
	비교과		· 동아리 선택 · 학생회 및 학급 임원 선택	· 동아리 선택
고2	주요 일정	· 3월 학력평가 · 1학년 학교생활기록부 나이스 기록 확인	· 담임선생님 상담 (학생 또는 학부모)	
	교과	· 과목별 수업 특성 파악 및 학습 방법 구축	· 과목별 수업 특성 파악 및 학습 방법 구축	· 과목별 수업 특성 파악 및 학습 방법 구축
	비교과		· 동아리 선택 · 학생회 및 학급 임원 선택 · 봉사활동 탐색	· 동아리 선택 · 봉사활동 탐색
고3	주요 일정	· 3월 학력평가 · 1~2학년 학교생활기록부 나이스 기록 확인	· 담임선생님 상담 (학생 또는 학부모)	
	교과	· 과목별 수업 특성 파악 및 학습 방법 구축 · 내신 전략 수립	· 과목별 수업 특성 파악 · 내신 전략 수립	· 과목별 학습 방법 구축 · 내신 전략 수립
	비교과		· 동아리 선택 · 학생회 및 학급 임원 선택 · 봉사활동 탐색	· 동아리 선택 · 대학별 선행학습 영향 평가 보고서 내용 확인 (논술, 면접 등)

학생부종합전형에서 3월의 의미

3월은 새로운 학기를 시작하며 일 년간의 활동을 결정하는 선택의 달입니다. 학급 임원, 학생회 활동, 동아리활동 등 고등학교에 따라 활동 기간은 다를 수 있으나 이후에 이어질 활동들을 선택해야 합니다. 한번 결정한 내용은 추후 변경이 불가능하기 때문에 선택 사항을 미리 고민해 두는 것이 유리하며, 원하는 활동을 선택하지 못하는 경우도 생길 수 있으니 활동의 우선순위를 정하여 둘 것을 추천합니다.

1학년	1학년의 3월은 적응의 기간입니다. 학업적 측면에서 적응하기 위해 무엇보다도 새로운 선생님과 새로운 친구들, 새로운 환경에서의 생활에 안정적으로 적응하는 것이 중요합니다. 등교 시간과 하교 시간의 변화로 중학교에 비해 학교생활이 길어지면서 체력적으로도 지치는 경우가 많고, 특히 통학 시간이 오래 걸리거나 기숙사 생활 등 생활에 많은 변화가 있는 학생의 경우 더욱 건강 관리에 힘써야 합니다.
2학년	2학년은 1학년 시기의 적응 기간을 거쳐, 3학년의 실전 대입 기간으로 들어가기 전, 전략적으로 비교과 활동을 늘릴 수 있는 최적의 시기입니다. 다양한 비교과 활동과 진로 탐색을 통해 자신이 대학에 진학하여 전공하고자 하는 분야에 대한 기초 역량을 채워 나가야 합니다. 먼저 새로운 담임선생님과의 상담을 통해 목표 대학과 2학년 활동의 방향을 설정해야 합니다. 이후 정해진 진로 방향에 맞춰 동아리활동 등 교내 활동을 선택하고 적극적으로 활동해 나가야 합니다. 이때 중요한 것은 비교과 활동의 양을 늘려나가면서도 교과 내신에 최선을 다해야 한다는 점입니다.
3학년	3학년은 본격적인 대입 준비가 시작됩니다. 무엇보다 3월에 시행되는 학력평가 시험을 통해 2학년까지의 학습 정도를 확인하고 수능에 대한 감각을 길러야 합니다. 3월 학력평가부터 9월까지 시행되는 모의고사 결과를 활용하여 수능 최저 응시와 정시 병행 여부를 결정해야 합니다. 3학년 내신 수준을 가늠하고 비교과 활동 수준을 판단하여 지원할 수 있는 대학의 범위와 지원 전형 전략을 수립해야 합니다. 또 비교과 활동의 양은 줄이되 1~2학년보다 발전된 수준을 보일 수 있도록 구성해야 합니다.

3월 주요 활동 작성

대회

-
-
-

자율활동

-
-
-

동아리활동

-
-
-

봉사활동

-
-
-

진로활동

-
-
-

세부능력 및 특기사항

-
-
-

독서활동

-
-
-

내신 목표 점수

- 과목: 점/등급
- 과목: 점/등급
- 과목: 점/등급
- 과목: 점/등급
- 과목: 점/등급
- 과목: 점/등급
- 과목: 점/등급

Q1 학급임원 또는 학생회 활동을 꼭 해야 리더십 평가를 받을 수 있나요?

아닙니다. 특히 임원활동을 했음에도 불구하고 구체적으로 리더십을 발휘한 경험이 드러나지 않는 경우에는 더욱 그렇습니다. 그러나 기회가 된다면 학급임원이나 학생회 활동에 적극적으로 도전할 것을 추천합니다. 임원이나 학생회 활동을 하지 않는 것보다 리더십을 발휘할 수 있는 기회가 더 많아지기 때문입니다. 출마했다가 떨어진 경우에도 자신이 약속했던 공약 내용을 임원 당선 친구와 함께 활동해 나간다면 그 자체로 공동체에 기여한 활동으로 평가받을 수도 있으니 결과보다는 도전의 과정에 의의를 두기 바랍니다.

학급임원이 아니더라도 학급 내 1인1역이나 동아리 임원, 단체 수행평가나 대회에 참여하여 리더십 평가를 받을 수 있습니다. 따라서 직위에 한계를 두지 말고 자신이 속한 공동체 속에서 어떤 기여를 할 수 있는지를 고민하여 노력할 것을 추천합니다.

Q2 자율동아리 활동을 하지 않으면 불리한가요?

고등학교마다 동아리 개설 현황에 따라 학생들이 원하는 정규동아리가 개설되지 않을 수도 있습니다. 이 경우 학생들이 직접 자율동아리를 개설하여 활동할 수 있는데, 표현 그대로 필요에 따라 자율적으로 구성하는 동아리이기 때문에 하지 않았다고 해서 불리하게 평가되지 않습니다. 그러나 자율동아리 활동을 통해 능동적인 활동 역량을 강조할 수 있으니 적극적으로 활용할 것을 추천합니다. 학교생활기록부에서 자율동아리는 동아리명과 간략한 소개로 30자 이내로만 기록할 수 있으므로 여러 개의 자율동아리에 참여하는 것보다 하나의 동아리에서 적극적으로 참여하는 것이 좋습니다. 또 2024학년도 대입을 치르는 고1의 경우 자율동아리가 대입에서 미반영되기 때문에 다른 교내 활동으로 자신의 역량을 드러내는 것을 추천합니다.

4월 학생부 종합전형 준비

동영상 강의

 4월 주요 일정

학년	내용	1~10일	11~20일	21~30일
고1	주요 일정			· 1학기 1차 지필평가 기간
	교과	· 수행평가	· 1학기 1차 지필평가 준비 · 수행평가	· 1학기 1차 지필평가 준비 · 수행평가
	비교과	· 교내 봉사활동 탐색 및 시작 · 학생부 활동(자율/동아리/ 진로/세특)	· 학생부 활동(자율/동아리/ 진로/세특)	
고2	주요 일정			· 1학기 1차 지필평가 기간
	교과	· 수행평가	· 1학기 1차 지필평가 준비 · 수행평가	· 1학기 1차 지필평가 준비 · 수행평가
	비교과	· 봉사활동 · 학생부 활동 (자율/동아리/진로/세특)	· 학생부 활동 (자율/동아리/진로/세특)	
고3	주요 일정			· 1학기 1차 지필평가 기간
	교과	· 수행평가	· 1학기 1차 지필평가 준비 · 수행평가	· 1학기 1차 지필평가 준비 · 수행평가
	비교과	· 봉사활동 · 학생부 활동 (자율/동아리/진로/세특)	· 대학별 모의논술 접수	· 대학별 모의논술 접수

학생부종합전형에서 4월의 의미

4월 말에서 5월 초, 1학기 1차 지필평가가 시행됩니다. 학교 내신 시험을 준비하기 위해 보통 길게는 4주에서 짧게는 2주 정도의 기간이 소요됩니다. 시험 준비 기간을 제외한 기간에는 다양한 비교과 활동과 수능 시험 공부 등을 해야 하므로 반복되는 시험을 통해 자신에게 필요한 준비 기간이 어느 정도인지 파악하는 것이 중요합니다.

1학년

1학년은 입학하여 첫 시험을 치르게 됩니다. 시험을 치르면서 자신에게 맞는 과목별 학습 방법과 시험 준비 기간 등을 찾아나가야 합니다. 결과뿐만 아니라 그 결과를 달성하기 위해 노력한 과정도 학교생활기록부 기록이나 자기소개서 문항에서 강조할 수 있는 내용이 되므로 우수한 학습 결과를 만들기 위해 어떤 노력을 하였는가를 꼼꼼하게 기록하면서 수정·보완해 나갈 것을 추천합니다. 또한 공통과목은 자신이 선택하고자 하는 전공 계열과 상관없이, 앞으로의 심화학습 내용을 쌓아나가기 위한 기초 과목이라는 생각으로 과목 편식 없이 모두 학습해 주시기 바랍니다.

2학년

2학년 학생의 경우, 1학년 때의 경험을 통해 자신의 시험공부 방법과 필요한 준비 기간을 확인하였으리라 생각합니다. 중요한 것은 1학년 때 부족했던 부분을 다시 답습하지 않는 것입니다. 특히 2학년부터는 관심과 흥미, 전공 계열을 필요에 따라 과목을 주도적으로 선택하여 수강하기 때문에 학업성취결과로 전공에 대한 관심과 적합성까지 평가가 가능합니다. 따라서 더욱 성실하게 우수한 결과를 만들어 갈 수 있도록 노력해 주시기 바랍니다.

3학년

3학년은 2학년까지의 성적 분석과 대입 지원 계획에 따라 우선순위에 따른 전략적 학습이 필요합니다. 학생부종합전형에서는 이수한 모든 과목을 정성적으로 평가하기 때문에 최대한 모든 과목을 성실하게 공부해야 합니다. 그럼에도 불구하고 자신의 전공 계열과 밀접한 주요과목에 비중을 높게 두어야 합니다. 학생부교과전형을 함께 고려한다면 자신의 관심 대학에서 내신 산출에 반영하는 교과 중심으로 학습하는 것도 전략이 될 수 있습니다. 대학은 학업기관이자 연구기관이기 때문에 학업에 충실한 자세와 우수한 역량을 갖춘 학생을 선발하고자 한다는 점을 기억해 주세요.

대회	자율활동

-
-
-

동아리활동	봉사활동

-
-
-

진로활동	세부능력 및 특기사항

-
-
-

독서활동	내신 목표 점수

-
-
-

- 과목: 점/등급
- 과목: 점/등급
- 과목: 점/등급
- 과목: 점/등급
- 과목: 점/등급
- 과목: 점/등급
- 과목: 점/등급

Q1 1학년 1차 지필평가 망치면 대학 진학 포기해야 하나요?

그렇지 않습니다. 1학년 첫 지필고사에서 원하는 결과를 얻지 못했을 때 학생들이 느끼는 좌절감이 클 수 있습니다. 그러나 이후에 어떻게 성장하느냐에 따라 발전 가능성과 역경을 극복하는 자세를 갖춘 학생으로 평가받을 수 있습니다. 교과 내신은 1차 지필평가 결과만으로 결정되지 않습니다. 이후 이어지는 수행평가와 2차 지필평가의 결과를 일정 비율로 반영하여 최종 결정됩니다. 뿐만 아니라 대학에서는 수업 중 참여한 자세와 심화탐구 역량 등을 세부능력및특기사항, 행동특성및종합의견을 비롯한 학교생활기록부의 선생님 기록을 참고하여 평가합니다. 이때 1차 지필평가에서 어려움을 겪었음에도 불구하고 포기하지 않고 더욱 열심히 도전한 내용이 있다면 학업에 대한 자세까지 긍정적으로 평가받을 수 있습니다. 따라서 남은 지필평가에서 자신의 역량을 드러낼 수 있도록 최선을 다해야 합니다.

Q2 내신 준비, 무엇부터 시작해야 하나요?

첫째, 시험 일정과 일자별 시험 과목을 정확하게 확인해 주세요. 간혹 이를 혼동하여 다른 과목을 학습하는 학생들도 있습니다. 가장 기본적이지만 타격은 매우 큽니다. 다시 한 번 꼼꼼하게 확인하여 꼭 기록해 두시기 바랍니다.

둘째, 각 과목별 시험 범위를 정확하게 확인해 주세요. 특히 보조교재나 프린트물을 함께 활용한 수업이거나, 교과서 내에서 순서를 변경하여 진도를 나간 경우 정확한 시험 범위를 확인하여 학습할 것을 강조드립니다.

셋째, 하나의 과목을 여러 선생님께서 분반하여 수업하는 경우, 두 지도선생님의 필기를 모두 확인해 주세요. 내신 시험은 담당 선생님들께서 내용을 협의하여 출제하기 때문에 다른 반에서 어떤 부분이 강조되었는지 확인하는 것이 매우 중요합니다.

5월 학생부 종합전형 준비

동영상 강의

📎 5월 주요 일정

학년	내용	1~10일	11~20일	21~31일
고1	주요 일정	· 1학기 1차 지필평가 기간	· 학교 대회 개최 · 체험활동	· 학교 대회 개최 · 진로 및 계열 탐색 기간
	교과		· 수행평가	· 수행평가 · 교육과정 편성 분석
	비교과		· 교내 봉사활동 탐색 및 시작 · 학생부 활동 (자율/동아리/진로/세특)	· 교내 봉사활동 탐색 및 시작 · 학생부 활동 (자율/동아리/진로/세특)
고2	주요 일정	· 1학기 1차 지필평가 기간	· 학교 대회 개최 · 체험활동	· 학교 대회 개최
	교과		· 수행평가 · 6월 학력평가 준비	· 수행평가 · 6월 학력평가 준비
	비교과		· 대회 준비 및 참여 · 학생부 활동 (자율/동아리/봉사/진로/세특)	· 대회 준비 및 참여 · 학생부 활동 (자율/동아리/봉사/진로/세특)
고3	주요 일정	· 1학기 1차 지필평가 기간	· 학교 대회 개최 · 체험활동	· 학교 대회 개최
	교과		· 수행평가 · 6월 학력평가 준비	· 수행평가 · 6월 학력평가 준비
	비교과	· 대학별 모집요강 확정 발표 확인 · 대학별 모의면접 및 모의논술 예약	· 대학별 모집요강 확정 팔표 확인 · 대회 준비 및 참여 · 학생부 활동 (자율/동아리/봉사/진로/세특) · 대학별 모의면접 및 모의논술 예약	· 대회 준비 및 참여 · 학생부 활동 (자율/동아리/봉사/진로/세특) · 대학별 모의면접 및 모의논술 예약 · 대학별 자기소개서 문항 확인 후 소재 구성

학생부종합전형에서 5월의 의미

5월은 비교과 활동의 달입니다. 5월 초에 1학기 1차 지필평가가 마무리되고 나면, 여러 활동들이 이어집니다. 이때 열리는 학교 대회에 적극적으로 참여하여 수상을 노려야 하고, 3월에 시작한 동아리활동, 자율활동 등이 활발하게 이어져야 하며, 학기 중 진행할 봉사활동도 탐색해야 합니다. 또한 지필평가 이외의 수행평가도 이 시기에 함께 시행되기 때문에 학생들은 매우 바쁜 일정을 소화하게 됩니다. 여러 활동에 참여하면서도 각 활동의 목적에 맞게 진행되고 있는지를 확인해야 합니다.

1학년	1학년은 다양한 교내 비교과 활동을 통해 관심 분야 및 진로를 탐색해야 합니다. 관심 분야와 진로는 변할 수 있다는 것을 대학에서도 인정하지만, 관심 분야에 맞는 과목을 선택, 이수하고 비교과 활동을 학기 초에 계획해야 하는 교육과정 특성상 진로와 전공을 미리 결정할수록 비교과 활동 계획에 유리합니다. 동아리 활동, 학교특강 참여, 독서 등으로 관심 분야를 탐색하고 전공에 대한 배경지식을 쌓을 것을 추천합니다.
2학년	2학년은 활발한 비교과 활동을 통해 자신의 역량을 강조할 수 있는 시기입니다. 수시 대입에서 한 학기당 하나의 수상 기록만을 대학에 제공하기에 매 학기 한 개 이상의 수상을 하지 못한 경우 역량을 드러 낼 기회가 제한될 수밖에 없습니다. 따라서 관심 분야를 중심으로 대회에 적극적으로 참가해야 합니다. 이때 다른 사람과의 협업 능력도 매우 중요합니다. 공동의 목표를 성취하기 위해 어떻게 노력하고 어떤 기여를 할 수 있는지를 고민하며 자신의 인성을 강조하는 기회로 만들기 바랍니다.
3학년	3학년은 비교과 활동을 보완하고 심화할 수 있는 중요한 기간입니다. 수능 최저 기준이나 정시를 함께 준비하는 학생들은 6월 모의고사도 대비해야 하기에 최대한 효율적으로 활동해야 합니다. 이를 위해 1~2학년 학교생활기록부 기록을 토대로 자신에게 부족한 항목과 강조하고 싶은 항목을 확인하여 가장 중요한 활동만을 계획한 후 진행해야 합니다. 5월부터 대학별로 수시 대입 모집요강을 확정하여 발표하니 관심 대학의 평가방법과 기준을 확인하고 그에 맞춰 활동할 것을 추천합니다.

대회

-
-
-

자율활동

-
-
-

동아리활동

-
-
-

봉사활동

-
-
-

진로활동

-
-
-

세부능력 및 특기사항

-
-
-

독서활동

-
-
-

내신 목표 점수

- 과목: 점/등급
- 과목: 점/등급
- 과목: 점/등급
- 과목: 점/등급
- 과목: 점/등급
- 과목: 점/등급
- 과목: 점/등급

Q1 대회 수상 없으면 대학 갈 때 불리한가요?

2024학년도 고1의 수시 대입에는 수상경력 항목을 대학에 미제공합니다. 따라서 고1의 경우 수상을 통해 보일 수 있던 역량들을 학교생활기록부의 다른 다양한 활동을 통해 보일 수 있도록 적극적인 비교과 활동을 만들어 갈 것을 추천합니다. 2022학년도와 2023학년도 수시 대입을 준비하는 고2, 고3의 경우 한 학기당 하나의 수상을 선택하여 대학에 제공합니다. 따라서 대회 수상이 하나도 없으면 불리하게 평가될 수 있으니 적극적으로 참여하여 수상할 수 있도록 해야 합니다. 다만 최선을 다해 참여했음에도 불구하고 수상을 하지 못한 경우, 학교생활기록부의 그 어떤 항목에도 대회와 관련한 경험을 기록할 수 없으므로 자기소개서나 면접에서 이 부분에 대해 추가 설명할 기회를 만들 것을 추천합니다.

Q2 선택과목을 고르는 기준은 무엇인가요?

진로나 전공 계열을 선택했다면 자신의 진로 계열에 맞는 과목을 우선 선택해야 합니다. 대학에 진학하여 배우게 되는 과목을 이수하기 위해 고등학교에서 기본적으로 배워야 하는 과목이 무엇인가를 이해하고 있는 것만으로도 전공에 대한 이해가 높은 학생이라는 것을 평가받을 수 있습니다. 나아가 그 과목을 성실하게 이수했을 경우 전공학업역량에 대한 우수성도 평가받을 수 있습니다.

다음으로 전공에 밀접하지 않은 과목이라 하더라도 기초 소양을 보일 수 있는 과목이거나 폭넓은 배경지식을 쌓을 수 있는 과목이라면 함께 선택하여 이수할 것을 추천합니다. 이외에도 각 과목의 수강자 수, 선택하는 학생들의 특성, 과목 담당 선생님의 수업 방식 등을 고려하여 선택할 것을 추천드립니다.

6월 학생부 종합전형 준비

동영상 강의

 6월 주요 일정

학년	내용	1~10일	11~20일	21~30일
고1	주요 일정	· 선택과목 설문조사 기간 · 6월 학력평가	· 선택과목 설문조사 기간	
	교과	· 수행평가	· 수행평가	· 1학기 2차 지필고사 준비
	비교과	· 학생부 활동(자율/동아리/ 진로/세특) · 독서	· 학생부 활동(자율/동아리/ 진로/세특) · 독서	· 대학별 전공체험 예약
고2	주요 일정	· 선택과목 설문조사 기간 · 6월 학력평가	· 선택과목 설문조사 기간	
	교과	· 수행평가	· 수행평가	· 1학기 2차 지필고사 준비
	비교과	· 대회 참여 · 봉사활동	· 대회 참여 · 봉사활동	· 대학별 전공체험 예약
고3	주요 일정	· 6월 학력평가		· 사관학교 원서 접수 기간
	교과	· 수행평가 · 봉사활동	· 수행평가 · 봉사활동	· 1학기 2차 지필고사 준비
	비교과	· 대회 참여 · 대학별 모의면접 및 모의논 술 예약 · 대학별 자기소개서 문항 확 인 후 소재 구성	· 대회 참여 · 대학별 모의면접 및 모의논 술 예약 · 대학별 자기소개서 문항 확 인 후 소재 구성 · 수시박람회 신청	· 수시박람회 신청

학생부종합전형에서 6월의 의미

6월 말에서 7월 초, 1학기 2차 지필평가가 시행됩니다. 많은 학생들이 6월 학교생활에 많은 어려움을 호소하는 것 중 하나는 '해야 할 것이 너무 많다'는 것입니다. 1차 지필평가가 끝난 후 시작된 수행평가가 6월까지 이어지고 있고, 5월에 시작한 비교과 활동 역시 1학기가 종료되는 시점까지 이어지고 있는 가운데, 6월 중순부터는 2차 지필평가 준비를 시작해야 합니다. 적극적으로 활동하던 학생들도 2차 지필평가 준비 기간에 돌입하면서 수행평가와 비교과활동을 흐지부지 끝내는 경우가 생깁니다. 이때 최대한 활동을 잘 마무리하는 집중력을 갖는 것이 가장 중요합니다.

1학년	1학년은 시험 대비 방법과 준비 기간을 정확하게 파악하는 것이 중요합니다. 1학년 때 자신에게 맞는 시험 준비 방법을 구축해 놓아야 2학년이 되어 비교과 활동의 양을 늘려나갈 때에도 내신이 흔들리지 않습니다. 1차 지필평가의 준비 과정을 되돌아보며 무엇이 부족했는지, 그것을 어떻게 수정해 나갈 것인지 계획해야 합니다.
2학년	2학년은 지필평가 준비와 함께 수행평가에 최선을 다해야 합니다. 수행평가가 교과 내신에 직접적으로 반영되는 점 이외에도 수업 중 배운 내용을 적용하고 활용한 사례를 통해 심화학습한 자세와 역량을 강조할 수 있습니다. 이는 일반적으로 학생마다의 변별이 어려운 교과 세부능력및특기사항의 기재 대상이 되어 학생의 특별함을 강조할 수 있는 기회가 되며, 추후 학업의 자세와 역량을 강조하는 내용으로 자기소개서의 소재로도 활용이 가능합니다.
3학년	3학년의 1학기 2차 지필평가는 수시 대입을 대비하는 마지막 교내 시험인 만큼 부담감이 가장 큰 시험입니다. 더욱이 1차 지필평가의 결과가 나온 상황에서 어느 정도 자신의 내신 결과를 가늠하고 있는 상태이기 때문에 조기에 포기하는 학생도 많습니다. 그러나 2차 지필평가가 3학년 1학기 전체 내신에서 차지하는 비중을 고려하여 1차 결과와 수행평가 결과를 보완할 수 있는 기회가 된다는 점에서 마지막까지 최선을 다해야 합니다.

📎 6월 주요 활동 작성

대회

-
-
-

동아리활동

-
-
-

진로활동

-
-
-

독서활동

-
-
-

자율활동

-
-
-

봉사활동

-
-
-

세부능력 및 특기사항

-
-
-

내신 목표 점수

- 과목: 점/등급
- 과목: 점/등급
- 과목: 점/등급
- 과목: 점/등급
- 과목: 점/등급
- 과목: 점/등급
- 과목: 점/등급

Q1 대학별 전공체험은 꼭 하는 것이 좋은가요?

대학과 고등학교의 연계 사업 중 하나로 대학의 전공을 미리 경험하고 탐색해 볼 수 있는 프로그램이 운영되고 있습니다. 개인적으로 전공체험에 참여하는 경우 학교생활기록부에 기재되지 못하기 때문에 이를 이유로 참여하지 않는 학생도 많습니다. 그러나 학기 중 또는 방학 기간을 활용하여 대학별 전공체험을 꼭 해 볼 것을 추천합니다. 각 전공에서 무엇을 배우고 연구하는지 직접 교수님과 재학생의 설명을 통해 알 수 있고, 구체적인 진로 계획을 설정하고 배경지식을 넓힐 수 있는 매우 좋은 기회입니다. 이때 알게 된 전공에 대한 지식을 활용하여 교내 비교과 활동의 소재로도 구성할 수 있으니 적극적으로 참여하기 바랍니다. 최근에는 각 대학의 공식 유튜브, 페이스북 채널 등을 통해 비대면 상황을 대비한 온라인 활동도 진행되고 있으니 대면 및 비대면 방식을 적절하게 활용할 것을 추천합니다.

Q2 6월 학력평가는 어떻게 활용할 수 있나요?

1학년과 2학년의 경우, 수능 유형의 시험을 치르는 경험을 쌓는 기회로 활용할 수 있습니다. 또한 교내의 학생들끼리 경쟁하는 내신 시험이 아니라 전국에서 자신의 위치를 파악할 수 있는 기회가 되기도 합니다. 그러나 무엇보다 중요한 것은 시험이 끝난 뒤 오답을 분석하고 부족한 부분을 파악하여 보완하는 것입니다. 3학년의 경우, 6월 학력평가는 수능을 출제하는 한국교육과정평가원에서 출제하는 시험이라는 점에서 큰 의미를 갖습니다. 6월 시험의 결과를 통해 자신의 수능 최저 지원 전략과 정시 지원 전략을 수립해야 하는 것은 물론, 이때 유형과 난이도 특성 등을 파악하여 수능 시험을 유추해 볼 수 있기 때문입니다. 6월 학력평가 성적과 9월 가채점 점수 등을 함께 고려하면서 최종 수시 대입 전략을 수립하기 바랍니다.

7월 학생부 종합전형 준비

동영상 강의

 7월 주요 일정

학년	내용	1~10일	11~20일	21~31일
고1	주요 일정	· 1학기 2차 지필평가	· 1학기 성적표 확인 · 여름 방학	· 1학기 학교생활기록부 기록 1차 마감 · 여름 방학
	교과		· 1학기 성적표 확인 · 수행평가	
	비교과		· 학교생활기록부 활동 (독서/진로/동아리/세특) · 교내 봉사활동	· 학교생활기록부 활동 (독서/진로/동아리/세특) · 진로 탐색 및 대학 탐방
고2	주요 일정	· 1학기 2차 지필평가	· 1학기 성적표 확인 · 여름 방학	· 1학기 학교생활기록부 기록 1차 마감 · 여름 방학
	교과		· 1학기 성적표 확인 · 수행평가	
	비교과		· 학교생활기록부 활동 (독서/진로/동아리/세특) · 대회 참여 · 봉사활동	· 학교생활기록부 활동 (독서/진로/동아리/세특) · 진로 탐색 및 대학 탐방
고3	주요 일정	· 1학기 2차 지필평가 · 7월 학력평가	· 1학기 성적표 확인 · 여름 방학	· 1학기 학교생활기록부 기록 1차 마감 · 여름 방학
	교과	· 수능 최저 준비 및 정시 학습	· 1학기 성적표 확인 · 대학별 최종 내신 산출 · 수능 최저 준비 및 정시 학습	· 수능 최저 준비 및 정시 학습
	비교과	· 수시박람회 신청 및 참여	· 봉사활동 · 학교생활기록부 평가 요소 분석 · 자기소개서 개요 및 스토리 작성	· 1학기 학생부 활동 마무리 (독서/진로/동아리/세특) · 수시 지원 대학 선택

학생부종합전형에서 7월의 의미

7월에는 1학기 2차 지필평가가 마무리되고, 1학기 전체 성적표가 배부됩니다. 학업적 측면에서 1학기 과정을 돌아보며 2학기를 대비할 수 있는 여름 방학 계획을 세우는 일이 중요합니다. 아울러 8월 말일에 1학기 학교생활기록부 기재가 마감되므로, 7월까지 이어지는 수행평가와 각종 교내활동, 또 여름 방학 기간을 활용한 독서활동과 진로활동 등이 기록될 수 있도록 담당 선생님들의 기재 마감일과 필수 제출 활동지를 미리 확인해 두시기 바랍니다.

1학년	1학년은 한 학기의 고등학교 적응 기간을 마무리하는 달입니다. 마지막까지 남은 수행평가와 비교과 활동을 마무리하고 여름 방학을 맞이하면, 한 학기가 마무리됩니다. 두 차례의 지필평가와 수행평가, 동아리 및 자율, 진로, 독서 등 교내 활동의 시작과 참여, 마무리를 모두 경험했습니다. 이후 이어지는 학기는 1학기와 같은 과정이 반복됩니다. 반복의 과정에서 아쉬운 것을 보완하고 관심 분야에 대한 활동을 더욱 심화 · 확장해 나갈 수 있도록 노력해야 합니다.
2학년	2학년은 1학기 성적 분석을 바탕으로 여름 방학에 보충할 학습 계획을 수립해야 합니다. 더하여 아직까지 마감되지 않은 비교과 활동을 적극적으로 만들어 학교생활기록부를 충실하게 하는 것에도 집중해야 합니다. 무엇보다 중요한 것은 2학기가 마무리되기 전에 진로를 결정하는 것입니다. 아직까지 전공 분야를 선택하지 못한 학생들은 여름 방학 기간을 적극적으로 활용하여 진로탐색에 더욱 힘써야 합니다.
3학년	3학년은 7월부터 본격적인 수시 대입 준비에 돌입하게 됩니다. 3학년까지의 최종 성적으로 교과 및 종합 지원 전략을 수립하고, 3학년 마지막 비교과 활동을 채워가면서 자기소개서 작성을 함께 시작해야 합니다. 이 과정은 여름 방학 기간인 8월까지 계속해서 이어집니다. 수시 대입에서 가장 중요한 서류는 학교생활기록부이지만, 자기소개서와 면접, 수능 최저 기준 등 다른 전형 요소들의 중요성을 이해하여 마지막까지 최선을 다해야 합니다.

7월 주요 활동 작성

대회

-
-
-

자율활동

-
-
-

동아리활동

-
-
-

봉사활동

-
-
-

진로활동

-
-
-

세부능력 및 특기사항

-
-
-

독서활동

-
-
-

내신 목표 점수

- 과목: 점/등급
- 과목: 점/등급
- 과목: 점/등급
- 과목: 점/등급
- 과목: 점/등급
- 과목: 점/등급
- 과목: 점/등급

Q1 1학기 학교생활기록부는 언제 기록이 마감되나요?

학교생활기록부 기재 요령에 따라 8월 31일까지 1학기 활동 기록이 가능합니다. 다만, 학교 계획에 따라 또는 학생부 항목별 담당 선생님의 계획에 따라 미리 마감한 후 확인 작업을 거치는 분들이 계시기 때문에 학생들은 각 담당 선생님께 학생부 기록 마감일을 문의한 후 그 일정에 맞춰 놓치지 않고 활동하거나 필요 자료를 제출하여야 합니다. 여름 방학 전 1차 기재 마감에 유의하고, 여름 방학 기간에 활동한 내용이 1학기 기록으로 포함될 수 있는지 여부를 반드시 확인하여 활동하셔야 합니다. 학교생활기록부 항목에 따라 과목별 세부능력및특기사항, 독서활동 등은 학기를 명확하게 구분하여 기록되고 자율활동, 봉사활동 등의 기록은 활동일자가 함께 기록되기 때문에 특정 학기에 몰아서 활동하지 않고 1학기와 2학기 골고루 활동할 수 있도록 해야 합니다.

Q2 여름 방학 및 주말 프로그램(보충수업, 공동교육과정 등) 꼭 신청해야 할까요?

특별활동은 어떤 프로그램에 참여할 것인지, 몇 개의 활동에 참여할 것인지 자신의 계획과 필요에 따라 신청해야 합니다. 특히 공동교육과정과 같이 심화 확장된 프로그램은 학생의 역량 강화와 학교생활기록부 기재 모두 도움이 되므로 적극적으로 추천합니다. 온라인 수업을 통한 방학 프로그램도 적극적으로 활용할 것을 추천합니다. 거리상, 학교 교육 환경 여건상 직접 참여를 통해 수강하기 어려운 프로그램을 온라인을 통해 참여함으로써 자신에게 필요한 내용을 습득하고 대학에도 적극성과 지적호기심을 강조할 기회로 활용할 수 있습니다. 따라서 여름 방학 프로그램 개설 현황과 수강 필요성을 고려하여 신청하여 수강할 것을 추천합니다.

8월 학생부 종합전형 준비

동영상 강의

 ## 8월 주요 일정

학년	내용	1~10일	11~20일	21~31일
고1	주요 일정	· 여름 방학 기간	· 개학	· 1학기 학교생활기록부 기재 마감
	교과	· 주요 과목 복습 및 예습	· 주요 과목 복습 및 예습	
	비교과	· 1학기 학생부 활동 마무리 (독서/진로/동아리/세특) · 진로 탐색 및 대학 탐방	· 1학기 학생부 활동 마무리 (독서/진로/동아리/세특) · 진로 탐색 및 대학 탐방	· 2학기 동아리 활동 계획
고2	주요 일정	· 여름 방학 기간	· 개학	· 1학기 학교생활기록부 기재 마감
	교과	· 주요 과목 복습 및 예습	· 주요 과목 복습 및 예습	
	비교과	· 1학기 학생부 활동 마무리 (독서/진로/동아리/세특) · 봉사활동 · 진로 탐색 및 진로 구체화	· 1학기 학생부 활동 마무리 (독서/진로/동아리/세특) · 봉사활동 · 진로 탐색 및 진로 구체화	· 2학기 동아리 활동 계획 · 진로 탐색 및 진로 구체화
고3	주요 일정	· 여름 방학 기간	· 개학	· 1학기 학교생활기록부 기재 마감 · 수능 응시 원서 접수 기간
	교과	· 수능 최저 준비 및 정시 학습	· 수능 최저 준비 및 정시 학습	· 수능 최저 준비 및 정시 학습
	비교과	· 봉사활동 · 수시 지원 대학 선택 · 자기소개서 작성	· 1학기 학생부 활동 마무리 (독서/진로/동아리/세특) · 수시 지원 대학 선택 · 자기소개서 작성	· 자기소개서 작성 완료

학생부종합전형에서 8월의 의미

8월은 여름 방학 기간을 활용해야 하는 시기입니다. 1학기 과정을 돌아보며 부족했던 부분을 확인하고 보완해야 하며, 또한 2학기를 계획하고 준비해야 합니다. 다만 겨울 방학과는 다르게 한 달 남짓의 매우 짧은 기간이기 때문에 많은 활동을 다루기보다는 교과 학습 분야에서 1학기 주요 과목의 부족한 점을 복습하고 연결되는 2학기 과정의 예습을 진행하는 것이 좋습니다. 비교과 활동 분야에서는 학기 중 시간 소요가 많이 되는 진로탐색이나 독서 및 봉사활동 위주로 활동할 것을 추천합니다.

1학년

1학년은 2학기부터 본격적으로 활발한 교과 및 비교과 활동을 늘려나가야 합니다. 그러나 이때에도 무엇보다 흔들리지 않는 교과 실력과 방법을 구축해 두는 것이 우선입니다. 또 관심 대학 탐방과 전공체험 프로그램에 적극적으로 참여하여 학기 중에는 경험하기 어려운 전공 경험을 만드시길 바랍니다. 전공 활동 이후에 관련 도서를 찾아 읽음으로써 전공에 대한 경험도 심화 · 확장할 수 있습니다.

2학년

2학년은 1학기 학업 결과와 비교과 수준을 참고하여 대학 입시에서 주력할 전형을 선택해야 하는 시기입니다. 각 대학의 입시 전형과 전공을 탐색하고 자신의 준비 정도와 발전 가능성을 고려하여 가장 효과적인 전략을 수립해 나가야 합니다. 수시를 위주로 할 것인지 정시를 위주로 할 것인지, 수시 중에서도 학생부 전형 이외의 논술 전형을 함께 준비할 것인지를 고려하여 2학기부터 준비를 해야 합니다.

3학년

3학년의 8월은 자기소개서의 달이라고 해도 무방할 만큼 수시 대입을 준비하는 많은 학생들이 자기소개서 작성에 몰두하게 됩니다. 각 대학별 특징과 자기소개서 문항을 정확하게 이해하여 자신을 가장 효과적으로 드러낼 수 있는 소재로 구성하여 작성해야 합니다. 다만 이 시기는 수시 대입을 준비하는 학생들로 다소 어수선할 수 있습니다. 따라서 수능 최저와 정시를 준비하는 학생들은 수시 대입의 분위기 속에서도 자신의 학습 시간을 최대한 집중력 있게 확보하는 것이 중요하며, 서로의 대입 준비 상황을 고려하여 배려하는 자세가 필요합니다.

8월 주요 활동 작성

대회

-
-
-

동아리활동

-
-
-

진로활동

-
-
-

독서활동

-
-
-

자율활동

-
-
-

봉사활동

-
-
-

세부능력 및 특기사항

-
-
-
-

내신 목표 점수

- 과목: 점/등급
- 과목: 점/등급
- 과목: 점/등급
- 과목: 점/등급
- 과목: 점/등급
- 과목: 점/등급
- 과목: 점/등급

Q1 코로나19로 인해 개인 봉사활동을 할 기회가 적은데, 대입에서 불리한가요?

학생부종합전형을 준비할 때 외부 개인 봉사활동이 필수 사항은 아닙니다. 특별한 외부 봉사활동이 없어도 교내에서 나눔과 배려의 구체적 사례를 보일 수 있다면 충분합니다. 특히 2024학년도 대입을 치르는 고1의 경우 개인 봉사활동은 대입에 미반영되므로 교내 활동을 통해 나눔과 배려의 자세를 보일 것을 추천합니다. 다만 2022학년도와 2023학년도 대입을 치르는 고2, 고3의 경우, 교내 봉사 기회가 적다면 개인 봉사활동을 계획할 수 있습니다. 그러나 사회적 거리두기가 강조되는 시기에 교외 봉사활동은 불가능하므로 개인 봉사활동의 기회가 없다 하더라도 대입에서 불리하게 작용하지 않습니다. 봉사 경험을 통해 자신의 강점을 강조하고자 한다면 온라인을 통한 비대면 봉사활동을 탐색할 것을 추천합니다.

Q2 지금부터 논술전형 준비해도 될까요?

인문계열의 논술 문제는 주로 제시문 독해를 통해 내용을 비교·분석한 뒤 자신의 의견을 덧붙이는 형식으로 출제되고, 자연계열의 논술 문제는 주로 수리 과학 제시문에서 답을 찾아가는 과정 풀이로 출제됩니다. 논술전형을 실시하는 대학이 많지 않기 때문에 이 전형을 시행하는 대학을 최종 목표로 삼는다면 지금부터 미리 기출문제 유형을 파악하여 준비하는 것이 좋습니다.

다만 3학년 학생의 경우, 지금까지 논술전형을 준비하지 않던 학생이 논술전형을 준비하여 지원하는 것은 매우 조심해야 합니다. 수능 최저학력 기준을 적용하는 논술의 경우, 논술 시험뿐만 아니라 수능 학습이 준비되어 있는지를 함께 판단해야 하며, 수능 최저학력 기준을 적용하지 않는 논술의 경우 수준 높은 논술 능력을 필요로 하기 때문에 자신의 논술 능력을 객관적으로 판단하여 전략을 수립해야 합니다.

9월 학생부 종합전형 준비

동영상 강의

 9월 주요 일정

학년	내용	1~10일	11~20일	21~30일
고1	주요 일정	· 9월 학력평가	· 2학기 1차 지필평가 준비 기간 · 진로선택과목 확정	· 2학기 1차 지필평가 기간
	교과		· 2학기 1차 지필평가 준비 · 수행평가	· 2학기 1차 지필평가 준비 · 수행평가
	비교과	· 학생부 활동 (독서/진로/동아리/세특) · 자율활동 (학생회, 임원, 1인1역 등)	· 학생부 활동 (독서/진로/동아리/세특) · 자율활동 (학생회, 임원, 1인1역 등)	
고2	주요 일정	· 9월 학력평가	· 2학기 1차 지필평가 준비 기간	· 2학기 1차 지필평가 기간
	교과		· 2학기 1차 지필평가 준비 · 수행평가	· 2학기 1차 지필평가 준비 · 수행평가
	비교과	· 학생부 활동 (독서/진로/동아리/세특) · 자율활동 (학생회, 임원, 1인1역 등) · 대회 참여	· 학생부 활동 (독서/진로/동아리/세특) · 자율활동 (학생회, 임원, 1인1역 등)	
고3	주요 일정	· 수시 대입 원서 접수 · 수능 응시 원서 접수 기간 · 9월 학력평가	· 2학기 1차 지필평가 준비	· 2학기 1차 지필평가 준비
	교과	· 수능 최저 준비 및 정시 학습	· 수능 최저 준비 및 정시 학습 · 2학기 1차 지필평가 준비 · 수행평가	· 수능 최저 준비 및 정시 학습 · 2학기 1차 지필평가 준비 · 수행평가
	비교과	· 수시 대입 원서 접수	· 대입 면접 준비	· 대입 면접 준비

학생부종합전형에서 9월의 의미

9월은 2학기 활동을 시작함과 동시에 다가올 10월 초 2학기 1차 지필평가를 준비하는 기간입니다. 9월이 3월과 다른 점은 새로운 활동을 선택하여 시작하는 것보다는 지난 학기부터 이어져 오는 활동을 보완·확장하는 과정으로 이루어진다는 점입니다. 1학기 과정과 2학기 계획을 함께 살펴보며 발전하는 모습을 보일 수 있도록 노력해야 하는 시기입니다.

1학년	1학년은 2학기 활동 중 동아리활동에 좀 더 신경을 써야 합니다. 선배들과 함께 활동하는 동아리의 경우 주로 계획보다는 활동에만 참여하는 경우가 많습니다. 이때 선배들이 활동을 충실하게 하지 않을 경우, 1학년까지도 부실한 활동으로 기록될 수 있습니다. 이 경우 담당선생님, 선배, 동료들과 상의를 해서 충실한 2학기 활동을 만들어 가거나, 1학년으로 구성된 동아리 내 소모임으로 활동하는 방법도 있으니 적극적으로 계획하고 활동하기 바랍니다.
2학년	2학년의 2학기 지필평가는 수시 대입 준비 기간인 5개 학기 중 절반 이상인 3개 학기를 보내고 시작하는 네 번째 학기의 시험이라는 점에서 중요한 의미를 갖습니다. 학업역량을 정성평가하는 경우, 학업 결과의 추이가 상승인지 하향인지, 어느 수준에서 유지하고 있는지 등을 평가하는데 지금까지 하향 추이를 보이고 있었다면 남은 2학년 2학기와 3학년 1학기 결과를 상승 추이로 만들어 학업 역량에서 긍정적 평가를 받을 수 있도록 해야 합니다.
3학년	3학년의 9월은 최종 수시 지원 대학을 결정하여 원서를 접수하는 기간입니다. 가장 중요한 것은 원서를 접수하는 과정에서 실수하지 않는 것입니다. 각 대학별로 원서 접수 마감 일자와 시간, 자기소개서 수정 가능 일자와 시간, 추가 서류 제출 기한 등 정확한 일정에 따라 접수가 마감되므로 일정을 혼동하지 않고 접수를 완료해야 합니다. 또 어느 대학이든 마지막 날의 마감 시간에는 접속자 수가 급증하여 홈페이지 오류가 나는 경우도 있으니 마감 시간보다 일찍 접수를 완료하는 것이 좋습니다.

대회

-
-
-

자율활동

-
-
-

동아리활동

-
-
-

봉사활동

-
-
-

진로활동

-
-
-

세부능력 및 특기사항

-
-
-

독서활동

-
-
-

내신 목표 점수

- 과목: 점/등급
- 과목: 점/등급
- 과목: 점/등급
- 과목: 점/등급
- 과목: 점/등급
- 과목: 점/등급
- 과목: 점/등급

Q1 독서, 어떤 책을 읽어야 하나요?

대학에서는 독서 목록을 통해 학생의 관심사와 독서 활용 수준을 판단합니다. 따라서 관심 있는 분야의 책을 꾸준하게 읽어 학교생활기록부 독서활동의 '공통'란에 기록하는 것이 좋습니다. 이외에도 수업 중 생겨난 지적호기심을 독서를 통해 탐구하는 역량을 보일 수도 있습니다. 따라서 수업 내용과 관련한 주제의 책을 읽고 학교생활기록부의 교과별 독서항목에 기록하거나, 대입에서 독서 항목이 미반영되는 2024학년도 대입을 치르는 고1이라면 각 활동이 연계된 세부능력및특기사항 및 창의적 체험활동 등의 항목에 기록하는 것이 좋습니다. 어떤 책을 읽어야 한다는 것이 정해져 있지 않기 때문에 다양한 분야의 책을 읽으며 배경지식을 넓히고 지식을 확장하는 도서 목록을 구성한다면 매력 있는 독서 활동으로 평가받을 수 있습니다.

Q2 독서, 몇 권이나 읽어야 하나요?

3년간 몇 권의 책을 읽어야 한다는 것도 정해진 바가 없습니다. 개인마다 책을 읽는 속도도 다르고, 책을 읽는 목적도 다르며, 책의 두께와 내용의 깊이에 따라 읽는 속도에는 차이가 생깁니다. 또 평소에 다독하는 습관을 가졌는지, 한 권의 책을 천천히 정독하고 반복하는 습관을 가졌는지에 따라서도 같은 기간에 읽은 책의 수는 다를 수밖에 없습니다. 다만, 한 달에 평균 한 권 정도의 책을 읽는 학생이라면 일 년간 12권의 책을 읽게 되며, 방학이나 주말을 활용하여 관심 분야의 책을 더 읽는다고 보았을 때 일 년간 15~20권 정도의 책을 읽는 학생이라면 꾸준하게 책을 통해 배경지식을 확장해 온 것으로 판단될 수 있습니다. 몇 권을 반드시 읽어야 하는가보다는 어떤 계기로 책을 읽게 되었으며 그 책의 내용을 어떻게 활용할 수 있었는지를 설명할 수 있도록 충실하게 읽는 경험을 쌓을 것을 추천합니다.

 **10월 학생부 종합전형 준비**

자세히 보기

 10월 주요 일정

학년	내용	1~10일	11~20일	21~31일
고1	주요 일정	· 2학기 1차 지필평가		
	교과		· 수행평가	· 수행평가
	비교과		· 동아리 활동 · 자율활동 (학생회, 임원, 1인1역 등) · 학생부 활동 (독서/진로/동아리/세특) · 교내 봉사활동	· 동아리 활동 · 자율활동 (학생회, 임원, 1인1역 등) · 학생부 활동 (독서/진로/동아리/세특) · 교내 봉사활동
고2	주요 일정	· 2학기 1차 지필평가		
	교과		· 수행평가	· 수행평가
	비교과		· 동아리 활동 · 자율활동 (학생회, 임원, 1인1역 등) · 학생부 활동 (독서/진로/동아리/세특) · 대회 참여 · 봉사활동	· 동아리 활동 · 자율활동 (학생회, 임원, 1인1역 등) · 학생부 활동 (독서/진로/동아리/세특) · 대회 참여
고3	주요 일정	· 2학기 1차 지필평가	· 10월 학력평가	
	교과	· 수능 최저 준비 및 정시 학습	· 수능 최저 준비 및 정시 학습	· 수능 최저 준비 및 정시 학습
	비교과	· 대입 면접 준비	· 대입 면접 준비	· 대입 면접 준비

학생부종합전형에서 10월의 의미

10월은 2학기 1차 지필평가가 시행되는 달입니다. 학생부종합전형의 학업역량 평가에서는 학생의 학업 추이에 대한 평가도 포함되기 때문에 1학기 지필평가 결과에 아쉬움이 있던 학생이라면 2학기에 성장하는 결과를 보일 수 있도록 노력해야 합니다. 또 1차 지필평가가 끝난 이후에는 다양한 교내 활동과 수행평가에 적극적으로 참여하여 학업 역량을 심화·보완할 것을 추천합니다. 3학년은 11월에 시행되는 대학수학능력시험 준비와 함께 수시 대입 면접에 최선을 다해야 합니다.

1학년

1학년은 2학기 지필평가까지 최선을 다해 교과 내신에 대한 학업 방법을 구축하는 노력을 해야 합니다. 지필평가가 끝난 이후에는 다양한 비교과 활동을 통해 학업역량을 보완할 수 있습니다. 그중에서도 시험 범위에 해당하는 각 과목의 내용과 연관된 도서를 찾아 읽고 독후활동을 함으로써 독서를 통해 지적호기심을 해결할 수 있는 역량을 강조하고, 각 과목의 주요 내용을 깊이 있게 이해하는 학업역량도 보일 수 있으니 참고해 주시기 바랍니다.

2학년

2학년은 2학기 지필평가가 끝난 이후 다양한 활동을 통해 적극적으로 진로를 탐색해야 합니다. 3학년이 되어 진로를 결정하거나 이전 학년과 전혀 다른 진로로 변경하는 경우, 새로운 진로에 대해 탐색하며 준비할 시간이 절대적으로 부족합니다. 따라서 2학년 2학기를 마무리하기 전 자신의 진로 분야를 결정할 것을 추천합니다. 그러기 위해서는 전공 분야와 관련한 독서, 대학의 전공탐색 프로그램 참여, 진로 분야 종사자 인터뷰 등 다양한 진로탐색활동을 계획하고 실천해야 합니다.

3학년

3학년은 지필평가를 완료한 후, 11월에 시행되는 대학수학능력시험 준비에 최선을 다해야 합니다. 수시 전형과 함께 수능 최저 및 정시 전형에 지원하는 학생들은 활동과 수능 학습을 병행해야 하기 때문에 시간 관리를 철저하게 해야 합니다. 또한 본격적으로 대학의 수시 대입 면접이 시작되는 달이기 때문에 지원 대학의 면접 특성에 맞게 예상 문항과 답변을 준비하고 연습하여 면접에 응하기 바랍니다.

대회

-
-
-

동아리활동

-
-
-

진로활동

-
-
-

독서활동

-
-
-

자율활동

-
-
-

봉사활동

-
-
-

세부능력 및 특기사항

-
-
-

내신 목표 점수

- 과목: 점/등급
- 과목: 점/등급
- 과목: 점/등급
- 과목: 점/등급
- 과목: 점/등급
- 과목: 점/등급
- 과목: 점/등급

학생부종합전형에서 10월의 Q&A

Q1 주요과목 이외의 기타과목은 버려도 되나요?

안 됩니다. 고등학교에서 학업 결과는 학생이 가진 학업의 우수성을 평가하는 기준이 되기도 하지만 기본적으로 학교생활에 성실하게 참여했는가를 확인하는 근거가 됩니다. 주요과목은 우수한데 비주요과목의 성취 결과가 좋지 않은 경우, 전과목을 골고루 성실하게 참여하지 않은 자세로 평가하거나, 모든 과목을 우수하게 학습할 수 있는 역량이 부족하다고 판단될 수 있습니다. 물론 공부를 할 수 있는 시간과 체력의 한계를 고려하여 과목의 중요도에 따라 학습의 비중을 주요 과목에 맞추어 계획할 수는 있으나 주요과목과 비주요과목의 성취 결과에 큰 차이가 있을 경우 불리하게 평가받을 수 있으니 성실하게 학습해 나가길 추천합니다.

Q2 외부 대회에 참여하여 수상한 것도 학교생활기록부에 기재할 수 있나요?

불가능합니다. 학교생활기록부의 수상경력에는 학교별로 사전 등록된 교내상만을 기재할 수 있으며, 대회와 관련한 기록은 추가적으로 어떠한 항목에도 입력할 수 없습니다. 마찬가지로 교내상이 아닌 외부 대회의 수상은 학교생활기록부에 기재할 수 없습니다. 학교생활기록부에 내용을 기재할 수 없다는 사실 때문에 외부 대회 참여 자체를 고려하지 않는 학생도 많습니다. 외부 대회를 준비하느라 학교생활에 무리가 온다면 문제가 있지만, 자신의 관심 분야에서 개최되는 외부 대회에 도전하여 준비한 과정을 통해 성장할 수 있는 기회로 만들 수 있으므로 기회가 된다면 외부 대회를 활용한 자기개발 활동도 도전해 보기 바랍니다.

11월 학생부 종합전형 준비

동영상 강의

11월 주요 일정

학년	내용	1~10일	11~20일	21~30일
고1	주요 일정		· 11월 학력평가 · 2학기 2차 지필평가 준비 기간	· 2학기 2차 지필평가 준비 기간
	교과	· 수행평가	· 수행평가	
	비교과	· 동아리 활동 · 자율활동 (학생회, 임원, 1인 1역 등) · 학생부 활동 (독서/진로/동아리/세특)	· 동아리 활동 · 자율활동 (학생회, 임원, 1인 1역 등) · 학생부 활동 (독서/진로/동아리/세특)	· 대학별 전공체험 예약
고2	주요 일정		· 11월 학력평가 · 2학기 2차 지필평가 준비 기간	· 2학기 2차 지필평가 준비 기간
	교과	· 수행평가	· 수행평가	
	비교과	· 동아리 활동 · 자율활동 (학생회, 임원, 1인 1역 등) · 학생부 활동 (독서/진로/동아리/세특)	· 동아리 활동 · 자율활동 (학생회, 임원, 1인 1역 등) · 학생부 활동 (독서/진로/동아리/세특)	· 대학별 전공체험 예약
고3	주요 일정	· 대학별 면접 및 논술고사 실시	· 대학수학능력시험 · 대학별 면접 및 논술고사 실시	· 대학별 면접 및 논술고사 실시 · 정시 학교생활기록부 작성 마감
	교과			· 2학기 2차 지필평가 준비
	비교과	· 대입 면접 준비	· 대입 면접 준비	· 대입 면접 준비

학생부종합전형에서 11월의 의미

11월은 2학기 2차 지필평가가 시행되기 전 수행평가를 비롯한 다양한 비교과 활동이 이어지는 시기입니다. 2차 지필평가가 끝나고 나면 겨울 방학을 전후로 하여 학교생활기록부 기재가 마감됩니다. 이때 기록된 내용은 학년이 바뀌면 수정이 불가능하기 때문에 11월에 1년의 활동을 정리해 보면서 부족한 항목이 있는지 확인하여 반드시 채워야 합니다.

1학년
겨울 방학에 맞춰 대학교에서도 고등학생들을 대상으로 한 다양한 전공체험 프로그램들을 진행합니다. 2학년부터는 선택과목을 학습하면서 자신의 전공 분야를 찾아 탐색하는 활동으로 이어나가야 합니다. 그러기 위해서는 겨울 방학을 활용하여 다양한 진로 및 전공들을 찾아보는 경험을 하며 자신이 원하는 전공 계열을 선택하기를 추천합니다.

2학년
2학년 마지막 학교생활기록부 기록을 위한 활동에 최선을 다해야 합니다. 1학년 시기의 부족함은 2학년에 보완할 수 있는 기회가 있지만, 2학년의 부족한 부분을 3학년 시기에 보완하기에는 절대적인 시간이 부족합니다. 따라서 2학년 학교생활기록부의 내용을 항목별로 정리해 보며 부족한 부분의 활동을 이 시기에 적극적으로 보완하시기 바랍니다.

3학년
3학년의 11월은 대학수학능력시험이 시행되는 중요한 달입니다. 수능 시험장에서 주의해야 하는 사항들을 미리 참고하여 당황하는 일 없이 시험에 집중할 수 있도록 해야 합니다. 수능 최저와 함께 정시 전형을 준비하는 학생들은 최상의 컨디션으로 최선의 결과를 받을 수 있도록 마지막까지 노력해 주시기 바랍니다. 또 이와 함께 수시 1단계 합격자 발표와 함께 대학별 면접 고사가 시행되는 기간이기도 합니다. 연달아 이어지는 합격과 불합격 발표에 일희일비하지 않고, 최종 합격자 발표가 나오는 순간까지 면접에도 최선을 다해 노력해 주시기 바랍니다.

11월 주요 활동 작성

| 대회 | 자율활동 |

-
-
-

| 동아리활동 | 봉사활동 |

-
-
-

| 진로활동 | 세부능력 및 특기사항 |

-
-
-

| 독서활동 | 내신 목표 점수 |

-
-
-

- 과목: 점/등급
- 과목: 점/등급
- 과목: 점/등급
- 과목: 점/등급
- 과목: 점/등급
- 과목: 점/등급
- 과목: 점/등급

Q1 매력적인 세부능력및특기사항은 어떻게 작성하나요?

학업기관이자 연구기관인 대학에서는 학생이 수업에 참여하는 자세와 학업역량을 중요하게 평가합니다. 따라서 수업 중 학생의 수업 자세와 학업 성취 수준을 교사가 관찰하여 작성하는 항목인 세부능력및특기사항은 매우 중요한 평가 항목입니다. 이러한 세부능력및특기사항 항목의 의미에 맞게 수업에 적극적으로 참여하고, 배운 내용을 이해하기 위해 질문과 발표를 하고, 수행평가 및 모둠수업에 능동적으로 참여하는 자세로 두각을 나타낸다면 우수한 기록 내용을 만들 수 있습니다. 원격수업의 경우에도 교사가 직접 관찰하지 못한 과제물 내용은 기재하지 않되, 등교 수업 시 해당 과제물을 활용한 수업을 진행한 경우 기재가 가능하므로 수업 내용을 정리하며 연계 활동 기회를 모색할 것을 추천합니다.

Q2 진로는 꼭 하나만 기록해야 하나요?

그렇지 않습니다. 두 가지 이상을 함께 기록해도 괜찮고 아직 진로를 확정하기 전이라면 기재 누락과 구분하기 위해 '진로탐색 중임' 또는 '현재 진로희망 없음'으로 기록하는 것도 가능합니다. 학생이 원하는 진로 분야 기록은 '진로활동' 항목 안에 특기사항으로 자신의 희망 분야와 희망 직업을 입력하되, 대학 진학 시 제공하지 않습니다. 그러나 대입 미반영 항목이라도 자신의 관심사와 흥미를 파악하여 진로 계열을 선택하는 것이 효율적으로 비교과 활동을 해나가는 데에 도움이 되기 때문에 적극적으로 진로탐색을 해야 합니다. 또한 학교생활기록부에 기재된 희망 진로 분야 내용은 학교 선생님들께서 진로 상담과 학생별 활동 지도 및 진로 지도에 기초 자료로 참고하기 때문에 점차 관심 분야를 구체적으로 설정하여 기록할 것을 추천합니다.

12월 학생부 종합전형 준비

동영상 강의

📎 12월 주요 일정

학년	내용	1~10일	11~20일	21~31일
고1	주요 일정	· 2학기 2차 지필평가 기간	· 2학기 학교생활기록부 기재 1차 마감	· 겨울 방학 · 2학기 학교생활기록부 기재 1차 마감
	교과			· 예비고2 준비 (1학년 복습 및 2학년 예습)
	비교과	· 동아리 활동 · 학생부 활동 (독서/진로/동아리/세특)	· 대입 지원 전략 분석 (자신의 강약점 분석)	· 1학년까지의 학교생활기록부 내용 분석 · 독서
고2	주요 일정	· 2학기 2차 지필평가 기간	· 2학기 학교생활기록부 기재 1차 마감	· 겨울 방학 · 2학기 학교생활기록부 기재 1차 마감
	교과			· 예비고3 준비 (2학년 복습 및 3학년 예습)
	비교과	· 동아리 활동 · 자율활동 (학생회, 임원, 1인1역 등) · 학생부 활동 (독서/진로/동아리/세특)	· 대입 지원 전략 분석 (자신의 강약점 분석)	· 대입 지원 전략 수립 (수능, 최저, 논술 등) · 2학년까지의 학교생활기록부 내용 분석 · 독서, 봉사활동
고3	주요 일정	· 수능 성적 통지일	· 수시 합격자 발표 및 등록 기간 · 2학기 학교생활기록부 기재 마감	· 수시 합격자 발표 및 등록 기간 · 겨울 방학 · 2학기 학교생활기록부 기재 마감
	교과			
	비교과	· 대학별 면접 및 논술고사 실시	· 대학별 면접 및 논술고사 실시	· 정시 원서 접수 기간

학생부종합전형에서 12월의 의미

12월은 2학기 마감과 겨울 방학, 연말연시 분위기로 인해 학생들이 들뜨는 시기입니다. 그러나 고등학교 3학년 학생들의 주요 대입 준비 기간이 모두 마무리되고, 고등학교 2학년 학생은 예비고3으로, 고등학교 1학년 학생은 예비고2로 성장하는 변화의 시기입니다. 1월과 2월의 겨울 방학을 성장의 시간으로 활용하기 위해서는 이 시기에 많은 것들을 결정하고 선택해야 합니다.

1학년	1학년은 예비고2로서 1년의 적응 기간을 모두 마무리하고 본격적인 학교생활을 해나갈 준비를 해야 합니다. 아직까지 대학 입시 전형과 방법에 대해 잘 알지 못하는 부분이 있다면 이를 다시 점검하면서 1학년 과정을 돌아보고 2학년 과정을 계획해야 합니다. 완성된 학교생활기록부 형식을 확인한 경험이 없기 때문에 자칫 중요한 항목의 기록들을 놓치고 지나갈 수 있습니다. 따라서 항목별 담당 선생님과 학교 활동을 자주 상담하면서 주요 활동이 누락되지 않도록 확인해야 합니다.
2학년	2학년의 경우, 예비고3으로서 대입 전략을 수립해야 합니다. 특히 수능 최저 준비나 정시 전형을 함께 준비하고자 한다면, 1월이 시작되기 전 수능 응시 과목을 결정하고 1월부터 기본 학습을 시작해야 합니다. 고등학교 3학년 3월이 시작된 후 이런 결정을 하게 되면 바쁜 학사 일정 때문에 기초학습을 다지기가 매우 어렵습니다. 따라서 1월이 되기 전 선택할 수 있는 것들을 결정한 후, 1월과 2월은 내실을 다지며 성장할 수 있는 시간으로 활용해야 합니다.
3학년	3학년의 12월은 수능 이후 수시 전형 면접들이 시행되며, 수능 시험 성적표 배부 후 정시 원서 접수를 시작합니다. 이때에도 각 대학별 수능 점수 반영 방법에 따라 자신에게 가장 유리하게 평가될 수 있는 대학을 탐색하여 지원해야 합니다. 대입 전형의 지원 자격 특징에 따라 고등학교 졸업일까지 고등학교 출석일, 거주지 주소 등이 유지되어야 하는 경우가 있으니 마지막 졸업일까지 성실한 학교생활로 마무리하기를 바랍니다.

12월 주요 활동 작성

대회

-
-
-

자율활동

-
-
-

동아리활동

-
-
-

봉사활동

-
-
-

진로활동

-
-
-

세부능력 및 특기사항

-
-
-

독서활동

-
-
-

내신 목표 점수

- 과목: 점/등급
- 과목: 점/등급
- 과목: 점/등급
- 과목: 점/등급
- 과목: 점/등급
- 과목: 점/등급
- 과목: 점/등급

Q1 미인정 지각이 있으면 학생부종합전형은 쓸 수 없나요?

학교생활기록부에서 '출결상황'은 학교생활의 성실성을 평가할 수 있는 항목입니다. 3년간 개근을 한 학생이라면 대학에 진학한 후에도 성실하게 학교생활을 할 것이라는 신뢰감을 줄 수 있습니다. 다만 한두 번의 미인정 지각 기록이 있다고 해서 그 기록 자체만으로 불리하게 평가되지는 않습니다. 미인정 기록은 최대한 만들지 않도록 하고, 부득이한 사정으로 이미 기록이 있다면 이후 더 생기지 않도록 하면서 학교생활기록부의 다른 항목에서 성실성이 드러날 수 있도록 노력해 주시기 바랍니다. 특히 3학년 2학기에는 출결관리를 전혀 하지 않는 학생들이 많습니다. 그러나 졸업 후 수시에 재도전을 하게 될 경우 불리하게 작용할 수 있고, 고등학교 생활을 의미 있게 마무리하기 위해서라도 끝까지 성실하게 임해야 합니다.

Q2 학교생활기록부 기록이 적으면 대학 진학은 어려운가요?

각 전형마다 선발하고자 하는 인재의 모습이 다른데, 학생부종합전형의 경우 교과 및 비교과 활동 기록 모두를 확인하여 평가하기 때문에 학교생활기록부의 기록이 적어 판단하기 어렵다면 불리할 수 있습니다. 다만 교과 내신을 중심으로 평가하는 학생부교과전형이나 논술 전형, 실기 및 특기자 전형, 또 수능 시험 결과를 중심으로 선발하는 정시 전형의 경우에는 학교생활기록부의 반영 비율이 매우 낮거나 아예 반영되지 않는 경우가 많습니다. 이러한 전형에 지원할 때에는 학교생활기록부의 내용은 큰 영향을 주지 않습니다. 다만, '기록이 적다'라는 것은 평가하는 사람의 시각에 따라 달라질 수 있는 주관적인 표현이기 때문에 무조건 학생부종합전형은 불가능하다고 판단하지 말고, 담임선생님과의 상담을 통해 객관적인 수준을 파악하여 자신에게 가장 유리한 대입 전형을 선택할 것을 추천합니다.

1월 학생부 종합전형 준비

동영상 강의

 1월 주요 일정

학년	내용	1~10일	11~20일	21~31일
예비 고1	주요 일정	· 겨울 방학 · 고등학교 과정 이해하기 · 대입 방법 이해하기	· 겨울 방학 · 고등학교 과정 이해하기 · 대입 방법 이해하기	· 겨울 방학 · 고등학교 과정 이해하기 · 대입 방법 이해하기
	교과	· 기초 학력 준비 (내신＋3월 학력평가 유형 대비)	· 기초 학력 준비 (내신＋3월 학력평가 유형 대비)	· 기초 학력 준비 (내신＋3월 학력평가 유형 대비)
	비교과	· 독서	· 독서	· 독서
예비 고2	주요 일정	· 겨울 방학	· 겨울 방학	· 겨울 방학
	교과	· 기초 학력 준비 (내신＋3월 학력평가 대비)	· 기초 학력 준비 (내신＋3월 학력평가 대비)	· 기초 학력 준비 (내신＋3월 학력평가 대비)
	비교과	· 1학년까지의 학교생활기록 부 내용 분석 · 독서 · 진로탐색	· 1학년까지의 학교생활기록 부 내용 분석 · 독서 · 진로탐색	· 1학년까지의 학교생활기록 부 내용 분석 · 독서 · 진로탐색
예비 고3	주요 일정	· 겨울 방학	· 겨울 방학	· 겨울 방학
	교과	· 기초 학력 준비 (내신＋3월 학력평가 대비)	· 기초 학력 준비 (내신＋3월 학력평가 대비)	· 기초 학력 준비 (내신＋3월 학력평가 대비)
	비교과	· 진로 선택하여 구체화하기 · 대입 지원 전략 수립 (수능, 최저, 논술 등) · 독서	· 진로 선택하여 구체화하기 · 대입 지원 전략 수립 (수능, 최저, 논술 등) · 독서	· 진로 선택하여 구체화하기 · 대입 지원 전략 수립 (수능, 최저, 논술 등) · 독서

학생부종합전형에서 1월의 의미

고등학생의 겨울 방학은 교과 및 비교과의 부족한 부분을 보충하고 다음 학년을 대비할 수 있는 보충 기간입니다. 특히 1월은 새해를 시작하며 새로운 계획과 각오를 다지기에 좋은 시기입니다. 이 기간을 효율적으로 계획하고 활용하여 학기 중 활동을 더욱 효과적으로 해 나갈 수 있도록 노력해야 합니다.

예비고1	예비고1학년 학생의 경우, 중학교 때와는 다른 고등학교 과정에 대한 이해가 필요합니다. 늘어나는 학습량과 심화된 학습 내용을 어떻게 학습해 나갈 것인지에 대한 계획을 세우고, 학교생활과 개인 생활을 효율적으로 해 나갈 수 있는 시간 관리 계획도 세워야 합니다. 단기적인 계획부터 고등학교 3년을 바라보는 거시적인 계획까지 두루 살펴 계획할 것을 추천하며, 이를 위해서는 대학 입시 방법에 대한 이해가 먼저 이루어져야 합니다. 따라서 고등학교 입학 전 겨울 방학 기간을 활용하여 대입 전형의 특징과 이를 준비하는 방법에 대해 숙지할 것을 추천합니다.
예비고2	예비고2학년 학생의 경우, 1학년 기간을 되돌아보며 본격적인 대입 준비를 해야 합니다. 겨울 방학을 활용하여 부족한 교과 부분의 기초학력을 채우는 것을 중심으로 더욱 적극적으로 진로를 탐색해야 하며, 독서활동과 같이 학기 중에는 바쁜 일정으로 부족할 수 있는 필수 활동들을 채워야 합니다. 2월 말까지 학교생활기록부 기록이 가능하기 때문에 방학 중 활동을 보완하여 부족한 학교생활기록부의 내용을 마지막까지 채울 수 있도록 노력해 주시기 바랍니다.
예비고3	예비고3학년 학생의 경우, 2학년까지의 교과 내신과 비교과 활동의 준비 정도를 분석하여 대입 전략을 수립해야 합니다. 3학년 교과와 비교과 결과 수준을 예상하여 주력할 대입 전형은 무엇인지를 고민하고 선택하여야 하며 1월부터 체계적인 계획과 실천을 해 나가는 자세가 필요합니다. 특히 수시에서 수능 최저 기준을 적용한 전형에 지원하고자 한다면 과목을 선택하고 방학을 활용하여 최저 과목에 대한 기본 학습을 시작해야 합니다. 또한 학생부 중심 전형 이외의 논술 또는 실기, 특기 등의 전형을 선택할 경우에도 겨울 방학부터 준비를 시작할 것을 추천합니다.

1월 주요 활동 작성

대회

-
-
-

동아리활동

-
-
-

진로활동

-
-
-

독서활동

-
-
-

자율활동

-
-
-

봉사활동

-
-
-

세부능력 및 특기사항

-
-
-

내신 목표 점수

- 과목: 점/등급
- 과목: 점/등급
- 과목: 점/등급
- 과목: 점/등급
- 과목: 점/등급
- 과목: 점/등급
- 과목: 점/등급

Q1 다음 학년 예습은 어느 과목, 어느 정도까지 하는 게 좋을까요?

겨울 방학을 활용하여 다음 학년에 배울 내용을 예습하는 학생들이 가장 많이 궁금해하는 것이 주요 과목 이외의 과목도 공부해야 하는지, 한다면 1차 지필평가 범위까지 할 것인지, 아니면 한 학기 전체 범위를 해야 할 것인지입니다. 한 학기 분량을 전체 보기하며 지난 학년에서 이어지는 내용이 있는지, 이때 부족한 내용이 무엇인지를 확인하고 복습과 함께 진행한다면 효과적인 예습이 될 수 있습니다. 이전 학년의 학습과 다음 학년의 학습 체계의 선후 관계가 확실한 수학의 경우 이 학습법이 더욱 효과적일 수 있습니다. 국어와 영어의 경우 학습의 기초가 되는 어휘력과 문장 독해력을 기르는 학습을 추천합니다. 사회와 과학은 관련 도서 등으로 배경지식을 넓혀둘 것을 추천합니다. 이는 학습 내용을 이해하는 데에 도움이 될 뿐만 아니라 학교생활기록부 독서활동 기록을 미리 준비할 수 있는 기회가 됩니다.

Q2 겨울 방학에 한 봉사활동도 학교생활기록부에 기록되나요?

고등학교 학교생활기록부에는 3월 입학 후부터의 활동이 기록되기 때문에 중학교 3학년 겨울 방학에 진행하는 봉사활동은 기재되지 않으며, 추후 대입의 과정에서 자기소개서나 면접에서도 평가의 대상이 되지 않습니다. 예비고등학교 2학년과 3학년 학생의 경우, 당해 연도 학교생활기록부 기재 마감일은 2월 말일이기 때문에 겨울 방학 중(1월~2월)에 진행한 봉사활동도 기록이 가능하며 현재의 학년(예비고2는 고1, 예비고3은 고2)의 기록으로 기재됩니다. 이때 학교봉사 이외의 개인 계획에 의한 봉사는 학교장 승인을 받아야 합니다. 다만 2024학년도 수시 대입을 치르는 고1 학생의 경우 학교 교육 계획에 따라 교사가 지도한 봉사활동 실적만 대입에 반영되므로 개인 봉사보다는 교내 봉사에 더욱 적극적으로 참여할 것을 추천합니다.

2월 학생부 종합전형 준비

동영상 강의

 2월 주요 일정

학년	내용	1~10일	11~20일	21~28일
예비 고1	주요 일정	· 고등학교 프로그램 확인 · 학교생활기록부 내용 이해	· 고등학교 과정 이해하기 · 학교생활기록부 내용 이해	· 고등학교 과정 이해하기 · 학교생활기록부 내용 이해
	교과	· 기초 학력 준비 (내신＋3월 학력평가 유형 대비) · 선택과목 및 진로 계열 유형 확인	· 기초 학력 준비 (내신＋3월 학력평가 유형 대비) · 선택과목 및 진로 계열 유형 확인	· 기초 학력 준비 (내신＋3월 학력평가 유형 대비) · 선택과목 및 진로 계열 유형 확인
	비교과	· 독서	· 독서	· 독서
예비 고2	주요 일정	· 1학년 학교생활기록부 기재 마감	· 개학 · 1학년 학교생활기록부 기재 마감	· 봄방학
	교과	· 기초 학력 준비 (내신＋3월 학력평가 대비)	· 기초 학력 준비 (내신＋3월 학력평가 대비)	· 기초 학력 준비 (내신＋3월 학력평가 대비)
	비교과	· 자기소개서 개요 구성해 보기 · 진로탐색	· 자기소개서 개요 구성해 보기 · 진로탐색	· 진로탐색, 봉사활동
예비 고3	주요 일정	· 2학년 학교생활기록부 기재 마감	· 개학 · 2학년 학교생활기록부 기재 마감	· 봄방학
	교과	· 기초 학력 준비 (내신＋3월 학력평가 대비)	· 기초 학력 준비 (내신＋3월 학력평가 대비)	· 기초 학력 준비 (내신＋3월 학력평가 대비)
	비교과	· 자기소개서 개요 구성해 보기 · 진로 선택하여 구체화하기 · 대입 지원 전략 수립 (수능, 최저, 논술 등) · 독서	· 자기소개서 개요 구성해 보기 · 진로 선택하여 구체화하기 · 대입 지원 전략 수립 (수능, 최저, 논술 등) · 독서	· 자기소개서 개요 구성해 보기 · 진로 선택하여 구체화하기 · 대입 지원 전략 수립 (수능, 최저, 논술 등) · 독서

학생부종합전형에서 2월의 의미

2월은 1월의 계획이 잘 실천되고 있는지를 확인하고 부족한 부분을 채워나가는 시기로 활용해야 합니다. 일 년간의 학교생활기록부 기재가 2월말에 최종 마감되기 때문에 겨울 방학 중 활동했던 내용을 학교 선생님께 상담드리고 최종 기록을 마무리해야 하며, 다음 학기에 활동할 내용들을 미리 계획하는 것이 좋습니다.

예비고1	예비고1학년 학생의 경우, 1월의 계획과 실천을 돌아보며 부족한 부분을 채워나가는 시기로 활용해야 합니다. 나아가 선택할 수 있는 진로 분야는 어떤 것들이 있는지 워크넷(work.go.kr) 등을 참고하여 탐색하고 대학 탐방, 다양한 문화체험 등으로 대학 및 진로 목표를 설정할 수 있는 토대를 마련해야 합니다. 고등학교 1학년 1학기 말이 되면 자신의 진로 계열에 맞는 선택과목 설문조사를 실시합니다. 따라서 어떤 과목들이 개설되는지, 자신의 관심분야는 어느 계열인지 적극적으로 미리 고민할 것을 추천합니다.
예비고2	예비고2학년 학생의 경우, 고등학교 학사일정에 따라 개학과 봄방학이 이어지는 학교도 있으며, 따로 봄방학 기간 없이 3월 개학으로 이어지는 학교도 있습니다. 일 년간의 학교생활기록부 기재가 2월말에 최종 마감되기 때문에 자신의 고등학교 일정에 맞춰 최대한 활동 기록을 채울 수 있도록 노력해야 합니다. 특히 겨울 방학 중 활동했던 내용을 학교 선생님께 상담드리는 기간과 방법에 대해 미리 확인하여 최종 기록을 놓치지 않고 마무리해야 합니다.
예비고3	예비고3학년 학생의 경우, 2학년 학교생활기록부 기재가 마감되기 전 자신의 진로를 최종 선택할 것을 추천합니다. 3학년이 되어 진로가 변경되는 것 자체로 대입에서 불리하게 작용하지는 않지만, 3학년에 진로를 변경한 학생의 경우 2학년 마지막 활동을 채울 수 있는 기간을 활용하여 진로 연계 활동을 기록할 수 있는 기회로 활용하여 진로에 대한 탐색 경험을 보완할 수 있기 때문입니다. 뿐만 아니라 2학년까지의 교과 및 비교과 활동을 분석하여 3학년 활동을 계획해야 합니다.

2월 주요 활동 작성

대회

-
-
-

동아리활동

-
-
-

진로활동

-
-
-

독서활동

-
-
-

자율활동

-
-
-

봉사활동

-
-
-

세부능력 및 특기사항

-
-
-

내신 목표 점수

- 과목: 점/등급
- 과목: 점/등급
- 과목: 점/등급
- 과목: 점/등급
- 과목: 점/등급
- 과목: 점/등급
- 과목: 점/등급

Q1 진로는 언제 정하는 것이 좋은가요?

진로의 선택 시기가 정해져 있는 것은 아니고, 1학년부터 3학년까지의 진로가 모두 변했다고 해서 대입에서 불리하게 작용하는 것은 아닙니다. 다만 자신의 진로를 적극적으로 찾기 위해 노력한 자세와 함께 선택한 진로에 대해 어느 정도 이해하고 있는가 하는 점은 분명한 평가의 대상이 됩니다. 따라서 아직 자신의 진로를 선택하지 못한 학생들은 최대한 적극적으로 진로를 설정할 것을 추천합니다. 구체적인 진로명이 아니라하더라도 자신의 관심 분야와 계열을 빨리 찾을수록 선택과목과 활동의 방향 설정에서 유리합니다. 2학년 2학기 이전에는 확정할 것을 추천하는데, 3학년이 되어 새롭게 진로를 선택하는 경우 그 진로에 대해 탐색할 시간이 절대적으로 부족하기 때문에 깊이 있는 이해와 준비를 하기 어렵습니다.

Q2 2학기 학교생활기록부 기재는 언제 마감되나요?

2학기 학교생활기록부 기재 마감일은 2월 말일입니다. 따라서 겨울방학 기간 중에도 봉사활동과 독서활동 등 학교생활기록부에 기록될 수 있는 활동을 수행했다면 학교생활기록부 각 항목별 담당선생님께 상담드려 활동 내용을 기록할 수 있습니다. 다만 항목별 담당선생님에 따라 기록을 위한 자료 수집을 마감하는 시기가 모두 다를 수 있으니 기재 마감 시기를 정확하게 확인하여 마감일자를 놓치지 않도록 주의해야 합니다. 이때 중요한 것은 3월이 되면 이전 학년도의 내용을 수정하거나 첨가하는 것이 불가능하다는 점입니다. 예외적으로 단순 오·탈자 또는 수상경력이나 증빙이 가능한 봉사활동 누락 등의 경우에는 수정이 가능하지만 이외의 기록은 원칙적으로 수정이 불가능하니 마감되기 전 최대한 자신의 활동이 누락 없이 정확하게 기록되었는지 확인할 수 있도록 선생님과 상담할 것을 추천합니다.

수시 대학
선택 전략

수험생이 반드시 확인해야 하는
전형별 지원 전략

Q1 대학 선택, 제가 잘 할 수 있을까요?

동영상 강의

　자신이 진학하기를 원하는 대학 중 합격 가능성이 높은 대학을 선택하는 일, 정말 어려운 일입니다. 고등학교 3년간 학교생활에 최선을 다해왔지만 나와 마찬가지로 성실하고 우수하게 학교생활을 해왔을 다른 친구들과의 비교 평가에서 어느 정도의 우수성을 지니고 있을지를 파악하는 일도 쉽지 않습니다.

　고등학교 3학년에게 가장 중요한 것은 자신의 준비 정도를 객관화하여 판단해 보며 합격 가능성을 분석하는 일입니다. 시야를 넓혀 지금껏 목표로 삼아왔던 대학 이외의 대학과 개설학과들을 탐색하며, 각 대학이 시행하고 있는 입시 전형의 특징을 파악하고, 어떤 인재상을 원하는지, 어떤 특징을 가진 학생들이 지원하여 합격했는지 등을 확인하는 과정이 필요합니다. 대학의 입시 전형과 평가요소, 입시결과의 특성을 자신의 준비 정도와 비교 분석하고, 유리한 전형을 찾는 과정이 필요합니다. 지금껏 배우지 않았고, 연습해 보지 않았던 일이기 때문에 더욱 어려울 수 있지만, 차근차근 잘 해낼 수 있습니다.

동영상 강의

상향, 적정, 하향 지원의 정확하고 객관적인 기준은 없습니다. 학생들의 생각하는 합격 예측 정도에 따라 합격이 어렵다고 판단될수록 상향, 합격이 가능한 범위라고 판단될 경우 적정, 무조건 합격할 수 있다는 예측이 된다면 하향 용어를 사용합니다. 많은 학생들이 합격 가능성을 예측할 때 기준으로 사용하는 것은 내신 등급입니다. 기존 입시결과와 자신의 내신을 비교했을 때, 내가 부족하면 상향, 비슷한 범위라면 적정, 내가 유리하면 하향으로 판단합니다.

입시 전형의 특성상 내신 교과를 중심으로 학생을 선발하는 학생부교과전형에서는 이러한 분석이 타당한 분석 방법이 되지만, 내신을 정성평가하며 내신 이외의 활동들도 함께 평가하는 학생부종합전형에서는 내신 등급만을 기준으로 분석해서는 예측 가능성이 떨어질 수밖에 없습니다. 내신을 중요한 평가 기준으로 활용하되 절대적인 하나의 기준으로만 활용해서는 안 됩니다.

대부분 예측이 비교적 용이한 학생부교과전형을 적정 및 안정 지원으로 활용하며, 예측이 비교적 어려운 학생부종합전형이나 논술전형을 상향 지원으로 활용합니다. 하지만 학생이 대입을 준비해 온 방향과 준비 정도에 따라 지원 전략은 매우 다양하게 달라질 수 있습니다. 각각의 전형에서 어떤 기준을 가지고 판단해야 하는지는 각 전형별 특징 설명에서 자세히 안내드리겠습니다.

수시 대입에서는 총 6번의 지원 기회가 있습니다. 이 6번의 지원 기회를 어떻게 활용할 것인가는 지원 전략에 따라 다릅니다. 보편적인 지원 전략으로 상향 2개, 적정 2개, 하향 2개 지원을 말하지만 학생의 강점과 목표에 따라 달라질 수 있습니다.

먼저 정시 전형을 함께 준비하고 있는 경우, 학력평가 결과와 그 추이를 분석하여 정시 지원 대학 범위를 설정한 후, 수시 지원은 정시 지원 대학보다 다소 높은 대학들로 구성하여 지원하는 것이 유리합니다. 이 경우, 학생의 수시 준비 정도에 따라 상향의 지원 수가 적정이나 하향보다 많을 수 있습니다.

정시 전형을 따로 준비하고 있지 않은 경우, 수시 6번 기회 중 하향으로 판단되어 합격 가능성이 높은 대학을 최소 하나 이상 포함해서 6개 모두 탈락하는 경우를 방지해야 합니다. 그러나 재수를 고려한다거나, 전문대 및 취업으로 방향을 돌릴 계획이 있는 학생의 경우라면 하향 지원을 포함하지 않는 경우도 있습니다.

이때 주의해야 할 것은 대부분 상향 지원을 고민하지만 하향 대학 선택이 정말 중요하다는 것입니다. 무조건 붙는 전략이라고 생각하여 2~3등급 하향 지원한 후, 합격 통지를 받고도 등록하지 않는 사례가 종종 있습니다. 수시 원서 접수 기간이 가까워질수록 6개 모두 떨어지는 것에 대한 우려가 커질 수밖에 없습니다. 6개 대학에 모두 떨어지는, 일명 '6광탈'을 방지하기 위해 '무조건' 붙는 원서로 터무니없이 낮은 대학을 선택할 경우 그 대학의 합격으로 정시 지원도 불가능해지고 최종 등록을 하지 않아 재수의 길로 가는 경우가 많습니다. 따라서 안정 하향 지원을 고려하기 전에 수시 대입에서 '최종 합격할 경우 진학할' 대학의 최저 수준을 반드시 설정해야 합니다.

Q4 학생부교과전형이란 무엇인가요?

동영상 강의

학생부교과전형이란 다양한 평가 요소 중 '교과 내신'을 전형의 중심 요소로 하여, 정해진 산출 방법에 따라 정량적으로 계산한 결과를 바탕으로 학생을 선발하는 전형입니다. 교과 전형 안에서도 다양한 세부 유형들이 존재하는데, 교과 내신만을 100%로 반영하여 선발하는 전형이 있고, 출결과 봉사 점수를 정량적으로 포함하거나, 일정 비율의 서류 종합 평가 점수를 반영하거나, 면접과 수능 최저 기준을 추가 적용하여 진행하는 전형 등이 있습니다.

이와 같이 각 대학마다 시행하고 있는 교과 전형의 특성이 다를 수 있으므로, 이를 정확하게 파악하여 자신의 유불리를 파악하는 것이 가장 중요합니다. 이러한 학생부교과전형은 정량적으로 계산하여 산출된 점수를 기준으로 선발하기 때문에 다른 수시 전형에 비해 합격과 불합격에 대한 예측 가능성이 비교적 큰 특징을 보입니다. 또한 추가 서류와 면접, 수능 최저 기준을 적용하지 않는 전형을 선택할 경우 전형 과정에서 준비의 부담이 적다는 특징이 있습니다.

각 대학의 내신 산출 방식에 맞춰 내신을 산출할 수 있는 학생이면 누구나 지원이 가능하지만, 단연 교과 내신에 강점이 있는 학생들이 지원할 경우 유리합니다. '교과 내신에 강점이 있다'는 것은 각 대학별 입시결과 수준에 따라 다르게 평가되기 때문에 자신의 내신과 각 대학별 입시결과 수준을 비교 분석하여 지원 전략을 수립하여야 합니다. 교과 수준에 비해 비교과 활동이 부족하거나 학생부종합전형에서 요구하는 자기소개서 작성 및 면접 참여에 대한 부담이 큰 학생은 교과 위주의 전형에 지원하여 대입 준비 부담을 덜고 합격률을 높일 수 있습니다. 또 교과 내신에 자신이 없는 학생이라 할지라도 학생부종합전형으로 모두 지원하기에는 불안함을 가지고 있는 학생이라면 비교적 합격 예측이 용이한 교과전형을 1~2개 지원하여 '6광탈(6개 지원 대학에서 모두 탈락)'을 예방하는 전략을 세울 수도 있습니다.

학생부교과전형을 활용하는 전략도 학생의 준비 정도에 따라 달라질 수 있는데, '내신 〉 비교과(내신 우위)'라면 내신의 강점을 중심으로 수능 최저를 함께 준비하여 상향 지원으로 선택 가능하고, 자신의 준비 정도가 '내신 〈 비교과(비교과 우위)'라면 전략적으로 학생부교과전형을 지원하지 않거나, 합격 예측 가능성을 높이기 위해 안전한 하향 지원으로 선택하여 활용할 수 있습니다.

동영상 강의

Q6 학생부교과전형, 어떤 기준에 따라 대학을 선택해야 하나요?

학생부교과전형을 선택하여 지원할 대학을 선택할 때 아래의 순서에 따라 탐색해야 합니다.

1. 교과전형 반영 요소 파악

대학별 교과전형 반영 요소를 파악합니다. 교과 내신만을 100% 반영하는 경우, 학교생활기록부 항목 중 출결과 봉사 등의 정량적 평가가 가능한 요소들을 일부 비율로 반영하는 경우, 교과(내신 성적) 이외에도 비교과 활동 항목을 종합 정성평가하여 반영하는 경우, 또 수능 최저 기준을 적용하여 반영하는 경우 등 학생부교과전형 안에 다양한 형태의 전형들이 대학마다 운영되고 있기 때문에 각 대학에서 실시하는 전형의 정확한 반영 요소를 확인해야 합니다.

2. 반영 교과 확인

반영 교과를 확인합니다. 학생이 이수한 전과목을 모두 반영하는 경우 또는 계열과 상관없이 국어, 영어, 수학, 사회, 과학 군의 과목을 반영하는 경우 또는 인문계열은 국어, 영어, 수학, 사회 군의 과목을 반영하고 자연계열은 국어, 영어, 수학, 과학 군의 과목을 반영하는 경우뿐만 아니라 우수한 몇 개의 과목만을 선택하여 반영하는 경우 등이 있습니다. 반영 교과에 따라 학생의 교과 점수의 유불리가 달라지기 때문에 반드시 이를 고려하여 선택해야 합니다.

3.
반영 비율
확인

반영 비율을 확인합니다. 대학마다 반영하는 과목의 비율을 모두 동일하게 반영하기도 하고, 모집단위 계열에 따라 주요 과목에 더 많은 비율을 반영하기도 합니다. 이러한 경우 전과목에서 비슷한 성취도를 받은 학생보다는 주요 과목에서 우수한 성취도를 보인 학생이 훨씬 유리할 수 있습니다. 뿐만 아니라 과목별 이수단위를 포함하여 계산하는지, 또 학년별 반영 비율을 반영하는지도 파악해야 합니다. 학년별 반영 비율을 반영할 경우 주로 학년이 올라감에 따라 반영 비율을 높이기 때문에 학생의 교과 성적의 추이가 상승 추이인지 하락 추이인지에 따라서도 계산 결과가 달라질 수 있으니 이 점을 고려하여 선택해야 합니다.

4.
지난 학년도
입시결과 확인

지난 학년도 입시결과를 확인합니다. 입시결과를 확인할 때에는 대학마다 제공하는 자료가 최초합격자를 기준으로 한 것인지 최종합격자를 기준으로 한 것인지, 또 어떤 과목을 반영하여 계산한 점수인지, 평균 점수인지 합격자의 상위 누적 80%의 기준선인지 등을 반드시 확인해야 합니다.

5.
지난 학년도
변화점 확인

지난 학년도와 변화된 점이 있는지 확인합니다. 지난 입시결과는 '참고' 자료일 뿐, 해마다 지원자의 특징과 경쟁률, 또 각 대학 및 모집단위의 선호도에 따라 결과는 달라질 수 있음을 인지해야 합니다. 간혹 지난 입시결과를 그대로 받아들여 한 등급 정도 여유 있게 지원한 후 무조건 합격할 것을 기대하였으나 예비 번호도 부여받지 못하고 탈락하는 사례도 많습니다. 매년 입시상황에 따라 결과가 달라질 수 있다는 점을 이해하여야 합니다. 따라서 입시결과에 영향을 줄 수 있는 경쟁률, 전형 상황의 변화(모집단위 변동, 모집 인원 변동, 수능 최저 여부 및 수준 변동 유무, 과목별 및 학년별 반영 비율, 면접 및 서류 평가 반영 여부, 대학 및 모집단위의 선호도 변화 등)를 세밀하게 판단하여 분석하여야 합니다.

Q7 대학별 내신 산출 방법은 어디에서 알 수 있나요?

동영상 강의

대학별 내신 산출 방법은 아래의 방법으로 확인할 수 있습니다.

1. 대학 입학처 홈페이지에 공지되어 있는 수시모집요강에 기재된 수시 내신 산출 방식을 확인합니다.

2. 대학 입학처 홈페이지에 개설되어 있는 내신 산출기에 자신의 성적 내용을 입력한 후 계산된 점수를 확인합니다.

3. 담임선생님의 내신 산출 프로그램으로 대학별 내신을 문의드려 확인합니다. 간혹 담임선생님과의 관계에 따라 이 시기에 빈번한 질문과 상담을 꺼려하는 학생들도 있습니다. 그럴 경우 다른 방법을 활용하여 자신의 내신 점수를 확인하시기 바랍니다.

4. 대학 어디가(www.adiga.go.kr) 사이트에서 자신의 성적 내용을 입력한 후 각 대학별 내신 점수를 확인합니다.

5. 각 대학별 내신을 계산할 수 있는 사설 사이트를 활용하여 내신 점수를 확인합니다.

　1번의 경우에는 수십 쪽에 달하는 모집요강을 정확하게 확인하여 그 방법대로 내신을 계산하는 것이 쉽지 않기 때문에 자신의 성적을 입력하면 계산값을 바로 확인할 수 있는 2~5번의 방법을 추천합니다. 이때, 어느 한 가지의 정보만을 가지고 확신하기 보다는 두 개 이상의 정보를 가지고 비교하여 분석하는 것이 좋습니다. 또 단순히 내신을 산출한 결과임에도 불구하고 계산값이 다르게 나와 고민하는 학생들이 있습니다. 그런 경우에는 각 계산값이 어떤 기준을 통해 계산된 것인지 조건을 다시 한 번 검토하시기 바랍니다.

동영상 강의

Q8 대학별 지난 입시결과는 어디에서 확인할 수 있나요?

대학별 지난 입시결과는 아래의 방법으로 확인하실 수 있습니다.

1. 대학 입학처 홈페이지에 공지되어 있는 '입시결과, 지난 입시결과' 등의 공지사항에서 확인합니다. 이때 어떤 기준으로 산출된 결과인지 그 기준을 정확하게 파악해야 합니다.

2. 담임선생님의 내신 산출 프로그램에서 지난 입시결과를 확인할 수 있습니다. 다만, 이 경우 담임선생님이 사용하는 프로그램에는 각 대학의 모든 합격자 데이터가 입력된 것이 아니기에 실제 입시결과와 오차가 있을 수 있으니 참고해야 합니다.

3. 대학 어디가(www.adiga.go.kr) 사이트에서 각 대학별 입시결과를 확인할 수 있습니다. 각 대학이 운영하는 전형별, 합격자의 상위 50%와 70% 위치에 해당하는 입시성적을 확인하여 참고할 수 있습니다.

4. 지난 입시결과를 홈페이지를 통해 공개하지 않은 학교의 경우 대학별 입학처에 전화해서 확인이 가능합니다. 정성평가이거나 특별지원자격을 가진 학생들을 선발한 소수 선발 전형 등은 입시결과를 공개하지 않는 경우도 있으니 참고해 주십시오.

5. 각 대학별 입시결과를 제공하는 사설사이트를 이용하여 확인하실 수 있습니다. 다만, 각 대학의 모든 합격자 데이터가 입력된 것이 아니기에 실제 입시결과와 오차가 있을 수 있습니다.

각 대학에서 공식적으로 공개한 입시결과를 바탕으로 한 1번, 3번, 4번 결과 이외의 자료는 모든 학생의 자료를 담고 있지 않기 때문에 오차가 있다는 것을 참고하여 분석해야 합니다.

동영상 강의

　학생부교과전형의 지난 입시결과는 지원 전략의 참고자료로 활용할 수 있는데, 합격과 불합격을 결정하는 가장 주요한 요소가 교과 내신이기 때문에 지난 입시결과를 분석하는 일이 무엇보다 중요합니다. 그러기 위해서는 대학에서 공개한 입시결과가 어떤 기준으로 계산되었는지를 파악해야 합니다. 때로는 실제 전형 평가에서 사용하는 내신 산출 방법과 다른 방법으로 계산한 수치를 제공하는 경우도 있습니다. 따라서 위의 Q6에서 안내한 학생부교과전형 대학 선택 방법 순서에 맞춰 다양한 요소들을 정확하게 파악한 후 자신의 내신 점수와 비교 분석해야 합니다. 이때, 지난해의 입시결과만을 확인하지 말고, 최근 2~3년간의 입시결과 추이를 함께 살피면서 입시결과가 계속해서 상승 추이인지, 하락 추이인지, 다소 등락을 반복하고 있다면 올해가 어느 쪽에 해당하는지 등을 함께 분석하여 지원 전략을 수립하실 것을 추천합니다.

학생부종합전형이란 학생이 고등학교 기간에 성장한 교과 및 비교과 역량을 종합 정성평가하여 선발하는 전형입니다. 학생의 고등학교 생활을 기록한 자료인 학교생활기록부를 주요 평가 자료로 활용하며, 이외에 자기소개서 등을 활용하기도 합니다. 학생부종합전형을 시행하는 대학마다 세부 전형 요소는 차이가 있습니다. 서류 100%로 학교생활기록부와 자기소개서를 평가하여 선발하는 전형이 있고, 서류 종합 평가 이외에 일정 비율의 정량적 교과 점수를 반영하거나 면접과 수능 최저 학력 기준을 함께 적용하는 방법으로 선발하기도 하는 등 각 대학마다 전형의 특성이 다르므로 이를 정확하게 파악하여 자신의 유불리를 파악하는 것이 가장 중요합니다. 이러한 학생부종합전형은 객관적이고 정량적인 방법으로 선발하는 것이 아니기 때문에 다른 수시 전형에 비해 합격 가능성을 예측하기가 어렵고, 또한 합격 기준을 판단하기도 어렵다는 특징이 있습니다. 다만 학생들이 가지고 있는 다양한 특성과 발전가능성을 포함한 잠재력 등이 서로 다른 학습 환경 속에서 어떻게 발현되어 왔는가를 평가받을 수 있는 장점도 있습니다.

학교생활에 성실하게 참여하여 우수한 성장 결과를 만든 학생이라면 누구나 지원이 가능합니다. 이때 '우수한 결과'라는 것은 각 대학별 입시결과 수준에 따라 다르게 평가되기 때문에 자신의 준비 정도와 각 대학별 입시결과 수준을 비교 분석하여 지원 전략을 수립하여야 합니다. 다만 많은 대학들이 고등학교 과정을 기록한 학교생활기록부 이외에 자기소개서와 면접을 함께 평가하고 있기 때문에 이 부분에 강점을 가진 학생이라면 더욱 유리할 수 있습니다.

우수한 교과 내신을 가진 학생이라 할지라도 학교생활 전반에 적극적인 참여 결과가 드러나지 않는 경우 학생부종합전형에 적합하지 않습니다. 우수한 학업 역량과 함께 다양한 학교생활에 적극적으로 참여하면서 전공에 대한 관심과 탐색 경험, 성장과 함께 발전해 나가는 가능성, 다른 친구들과 공동의 목표를 성취하기 위해 협력하고 배려하는 인성 등을 보일 수 있는 학생이라면 학생부종합전형에서 선발하고자 하는 인재의 모습을 갖춘 학생이라고 말할 수 있습니다.

학생부종합전형을 선택하여 지원할 대학을 선택할 때 아래의 순서에 따라 탐색해야 합니다.

1.
대학별 전형 요소 파악

대학별 전형 요소를 파악합니다. 학교생활기록부만을 반영하여 평가하거나 자기소개서를 함께 반영하여 서류 100%로 선발하는 경우, 서류 평가 이외에도 교과 내신, 면접 시행 여부, 수능 최저 기준 적용 여부 등에 따라 학생이 준비해 온 과정에 따라 유불리가 달라질 수 있습니다. 학생부종합전형 안에도 다양한 형태의 전형들이 대학마다 운영되고 있기 때문에 각 대학에서 실시하는 전형의 정확한 반영 요소를 확인해야 합니다.

2.
전형 평가 기준 확인

전형 평가 기준을 확인합니다. 일반적으로 학생부종합평가의 정성 평가에는 학생의 학업적 역량을 판단하기 위한 요소로 '학업역량', 전공에 대한 관심과 탐색의 자세를 판단하기 위한 요소로 '전공적합성', 3년간의 활동 결과를 바탕으로 대학 진학 후에도 발전을 이루어 나갈 가능성을 가지고 있는가를 판단하기 위한 요소로 '발전가능성', 타인과 소통하고 협력하는 자세를 갖추고 있는가를 판단하기 위한 요소로 '인성' 등의 평가 요소를 통해 학생을 평가합니다. 이 평가 요소들을 일정한 반영 비율 없이 평가하기도 하고, 중요도에 따라 반영 비율을 적용하여 평가하기도 하며, 자기관리능력, 리더십, 꿈과 끼, 창의융합성, 문제해결력 등 추가 요소들을 반영하여 평가하기도 합니다. 전형 평가 기준을 알아야 어떤 인재를 선발하고자 하는지를 정확하게 판단하고 그에 맞춰 지원이 가능합니다.

3.
지난 학년도
입시 결과 확인

지난 학년도 입시결과를 확인합니다. 입시결과를 확인할 때에는 대학마다 제공하는 자료가 최초합격자를 기준으로 한 것인지 최종합격자를 기준으로 한 것인지, 또 어떤 과목을 반영하여 계산한 점수인지, 평균 점수인지 합격자의 상위 누적 80%의 기준선인지 등을 반드시 확인해야 합니다. 다만 학생부교과전형과 다르게 학생부종합전형에서 교과 내신은 정성평가 요소 중 하나의 요소이기 때문에 학업역량을 가늠할 수 있는 범위로 참고하여 활용해야 합니다.

4.
각 대학/학과
인재상 확인

각 대학과 학과에서 선발하고자 하는 인재상을 확인합니다. 학생마다 자신이 가진 성향의 특징과 활동의 방향이 모두 다른 것처럼 각 대학과 학과마다 교육과정을 수행해 나가기 위해 필요한 학생의 역량이 모두 다릅니다. 학과 성격에 따라 수학과 과학적 역량이 두드러지는 학생이 유리하거나, 어학 역량이 두드러지는 학생이 유리할 수도 있으며, 다른 사람들을 위한 봉사정신 또는 냉철한 판단력과 분석력이 필요할 수도 있습니다. 이러한 대학과 학과의 인재상을 분석하여 자신과 잘 부합하는 곳을 찾는 것이 유리합니다.

< 표로 정리하는 대학별 전형 특징 >

자신이 지원 범위로 생각하는 대학의 입시전형을 한눈에 살펴볼 수 있도록 표로 정리해 두면 각 전형의 특징을 비교 분석할 때 편리하게 활용할 수 있습니다. 아래의 표를 참고하여 지원전략표를 작성하기를 추천드립니다.

대학명	전형명	자소서 입력	전형별 고사일 (면접일)	전형방법	최저 기준	평가요소 (학업역량)
A대	자기추천 전형	9.10(화)	자연: 11.30(토) 인문: 12.1(일)	1단계: 서류100(3배수) 2단계: 1단계70 + 면접30	–	학업 20 + 전공 30 + 인성 30 + 발전 20
B대	학교생활 우수전형	9.9(월)	자연: 10.19(토) 인문: 10.20(일)	1단계: 서류100(3배수) 2단계: 1단계70 + 면접30	–	학업 15 + 전공 25 + 인성 10 + 발전 20

대학별 학생부종합전형 평가요소가 가장 잘 설명되어 있는 자료는 수시 대입 모집요강입니다. 대학교 입학처 홈페이지에서 다운로드받아 내용을 확인할 수 있습니다. 모집요강 안에 전형 방법과 함께 어떤 평가요소를 어느 비율로 반영하여 학생을 선발하는지에 대해 자세하게 설명되어 있으니 꼭 참고하실 것을 추천합니다.

다음으로 학생부종합전형에 대한 학생과 학부모님들의 이해를 높이기 위해 추가적인 설명자료를 제작하여 제공하는 대학들도 있습니다. 이 자료 역시 대학교 입학처 홈페이지에서 다운로드받아 내용을 확인하실 수 있습니다. 대학의 평가요소뿐만 아니라 학생부종합전형 자체에 대해 학생들이 가지고 있는 다양한 궁금증을 Q&A 형식으로 제작하여 해설하고 있는 부분도 있으니 학생부종합전형에 대해 설명하고 있는 대학별 자료를 찾아 확인하실 것을 추천합니다.

각 대학의 입학처 홈페이지에서도 학생부종합전형에 대해 평가요소와 평가기준, 선호하는 인재상 등을 확인하실 수 있습니다. 가장 좋은 것은 수시 대입 지원 시뿐만 아니라 평소에도 관심 대학의 학교 및 입학처 홈페이지를 즐겨찾기 해두시고, 대학의 최근 연구 방향, 뉴스, 창립이념과 인재상 등을 자주 찾아보며 대학이 원하는 인재상의 모습으로 성장할 수 있는 방향을 고민하는 것입니다. 수시 대입 지원 시에도 3년간 성장해 온 자신의 모습 중 각 대학의 인재상에 부합하는 요소들을 강조한다면 유리하게 평가받을 수 있습니다.

동영상 강의

    학생부종합전형에서 지난 입시결과는 합격자의 학업역량의 '범위'로만 참고해야 합니다. 학생부종합전형에서 교과 내신을 평가할 때 등급으로 산출된 수치만으로 우열을 가리는 것이 아니라 학생이 이수한 과목과 이수 단위, 원점수와 평균, 표준편차와 수강자 수 등 내신 등급 산출에 영향을 줄 수 있는 다양한 요소들을 모두 고려한 정성평가를 합니다. 따라서 학생부종합전형 합격자의 교과 내신을 자신의 내신에 그대로 적용하여 비교하는 데에는 한계가 있습니다. 보편적으로 지원하는 학생들의 학업 수준이 어느 정도의 범위에 해당하는가를 참고하여 자신의 학업적 역량에서 강점과 약점을 분석하는 참고자료로 활용할 것을 추천합니다.

🔔 합격 꿀팁

학생부종합전형 합격자 내신 '평균'의 위험성

학생부종합전형의 합격자 내신 평균은 표현 그대로 합격자들의 최고내신과 최저내신을 더하여 산술평균한 값입니다. 자신의 내신 점수가 평균값보다 높다고 해서 합격을 보장할 수 없고, 평균값보다 낮다고 해서 불합격이 되지 않습니다. 내신 평균값이 갖는 의미를 정확하게 파악하여 대입 전략을 수립해야 합니다.

Q15 수시 지원 모두 학생부종합전형으로 지원하면 무조건 다 떨어지나요?

동영상 강의

　학생부종합전형의 정성평가는 객관적, 정량적 평가가 아니기 때문에 합격 가능성이 낮다는 특징이 있습니다. 자신의 교과와 비교과 역량이 해당 지원 학교의 합격 수준에 비교하여 어느 수준에 해당하는가를 명확하게 알기 어렵기 때문에 수시 6회의 기회를 모두 학생부종합전형으로 지원하면 6개 모두 탈락한다는 보편적 인식이 존재합니다. 그러나 이것은 6회 지원 모두를 학생부종합전형으로 지원했기 때문이 아니라 6회 모두 '상향 지원'했을 경우 그러한 결과가 생길 수 있습니다.

　따라서 무엇보다 중요한 것은 자신의 교과 역량과 서류 역량을 최대한 객관적으로 분석하는 것입니다. 이때 학교에서 대학 입시의 경험이 많은 선생님과 자주 상담하며 자신의 강점과 약점을 파악할 것을 추천합니다. 또한 학생부종합전형을 지원할 때 학생들이 가장 많이 하는 실수가 내신 등급만을 기준으로 지원 대학을 결정하는 것입니다. 학생부종합전형의 전형 특징을 정확하게 이해하고 교과 및 비교과 역량을 함께 평가하여 분석하는 시각이 무엇보다 중요하므로 이 점을 기억하면서 지원 대학을 결정하기를 추천합니다.

82

Q16 한 대학의 두 종합전형, 무엇을 기준으로 선택할까요?

동영상 강의

　한 대학에서 두 가지 이상의 학생부종합전형을 실시하는 경우가 있습니다. 대학에 따라 두 전형 모두에 중복 지원이 가능한 경우도 있지만, 중복 지원이 불가능하도록 되어 있어 두 전형 중 자신에게 적합한 하나의 전형만을 선택하여 지원해야 하는 경우가 있습니다. 이러한 경우 두 전형의 선발 방식과 평가요소에 어떤 차이점이 있는지, 각 전형에서 어떤 인재를 선발하고자 하는지를 정확하게 파악해야 합니다.

　두 전형이 선발 방식에서 차이가 없는 경우, 모집단위의 특성이나 지원 자격에서 차이가 있는 경우가 많습니다. 하나의 전형은 모집단위를 학과별로 작게 선발하고, 다른 전형은 학부나 단과대학처럼 큰 범위의 선발을 하는 경우 자신의 준비 정도가 특정 학과에 잘 맞춰져 전공적합성이 높은지, 전체적인 학교생활에 충실하게 참여하며 계열적합성을 높여왔는지 등을 파악하거나, 두 전형에 합격한 학생들이 공통적으로 보이는 특징을 살펴 자신과 비슷한 성향을 가진 전형으로 선택하여 지원하는 것이 유리합니다.

　두 전형이 선발 방식에서 차이가 있는 경우, 각각의 방식에서 자신에게 좀 더 유리한 전형을 선택해야 합니다. 면접 및 수능 최저 기준 적용 여부, 평가요소의 비율이 달라서 하나의 전형은 전공적합성 비율이 높은 반면 다른 전형은 학업역량의 비율이 높은 특징을 갖는 등의 차이에 따라 자신에게 적합한 전형을 선택할 수 있어야 합니다.

Q17 한 대학에 한 번만 지원이 가능한가요?

동영상 강의

수시에서 지원할 수 있는 최대 6회의 기회 안에서 하나의 대학에 2개 이상의 지원도 가능합니다. 예를 들어 하나의 대학에 3개의 지원을 한다면, 남은 수시 지원 횟수는 3개입니다. 대학마다 운영하고 있는 전형의 특징에 따라 중복 지원이 가능한 전형도 있고 중복 지원이 서로 불가능한 전형도 있으며, 지원자 한 명 당 최대로 지원할 수 있는 수시 지원 횟수도 대학마다 조금씩 차이가 있기 때문에 대학별 수시 모집요강에서 복수 지원 여부에 대한 사항을 반드시 확인해 주시기 바랍니다. 다만 복수 지원이 가능한 경우 주의할 것은 중복 지원이 가능한 서로 다른 전형에 지원하면서 각각 다른 모집단위에 지원하는 것은 가능하지만, 동일한 전형으로 2개 이상의 모집단위에 중복 지원하는 것은 어느 대학에서도 불가능하니 이 점을 참고하여 지원 전략을 수립해 주시기 바랍니다.

🔔 합격 꿀팁

한 대학에 여러 개 중복 지원할 경우 유불리가 있나요?

원칙적으로 지원한 전형 안에서만 평가하기 때문에 다른 전형에 함께 지원한 사항을 반영하여 평가하지는 않습니다. 전형마다 평가를 따로 진행하기 때문에 자기소개서를 모두 제출해야 하는 종합전형에 중복 지원한 경우, 두 전형에 같은 자기소개서를 제출해도 괜찮습니다. 또 전략적으로 교과전형으로는 A학과에 지원하고, 종합전형으로는 B학과에 지원했다고 하여 불리하게 평가되는 부분도 전혀 없습니다. 또 중복 지원이라고 하여 특별히 유리하게 평가되지도 않지만 면접의 과정에서 간단하게 언급하여 이 대학의 합격에 대한 의지를 강조할 수는 있습니다. 가장 중요한 것은 대학의 전형별 특징을 확인하고 자신의 준비 정도와 비교 분석하여 자신에게 유리한 지원인지를 냉철하게 평가하여 지원하는 것임을 다시 한 번 기억해 주시기 바랍니다.

Q18 수시대입박람회를 효과적으로 활용할 수 있는 방법이 있나요?

동영상 강의

　매해 6월이 되면 대학어디가(www.adiga.kr) 사이트에 지역별로 개최되는 수시대입박람회 일정과 장소가 공지됩니다. 이를 참고하여 수시대입박람회 참여 일정을 정할 수 있습니다. 박람회마다 개인별로 상담이 가능한 경우 미리 신청이 가능합니다. 온라인으로 신청할 수 있지만 선착순 신청으로 진행되어 매우 빠르게 마감되니 상담을 생각하는 학생들은 신청 일정을 잘 기억해 두셨다가 시간에 맞춰 신청하기 바랍니다. 수시박람회 당일에는 많은 사람들이 동시에 참여하여 대기 시간도 길고, 학생이 많이 몰려 원하는 대학 부스에서 상담하지 못하는 일도 생깁니다. 간단한 상담만으로 합격 여부를 정확히 판단하는 답변을 들을 수는 없다 해도, 대학의 입학 담당자에게 직접 자신의 준비 정도를 상담받고 대입에 대한 질문을 해결할 수 있는 좋은 기회가 되니, 다음의 주의사항을 정리한 표의 내용을 참고하여 최대한 효과적으로 활용하시기 추천합니다. 다만 부득이한 사정으로 현장 대면 박람회가 불가능한 경우, 각 대학의 입학처에 전화 문의를 하거나, 대교협 및 각 대학의 온라인 상담 부스를 활용하여 적극적인 상담의 기회를 활용할 것을 추천합니다.

	수시박람회 참여 전 준비 꿀팁!	
학교생활기록부, 자기소개서	대학에 따라 개인 서류 상담을 진행하지 않는 대학도 있습니다. 다만, 자신의 내용을 스스로 확인하면서 구체적인 질문을 하기 위해 학교생활기록부는 꼭 지참하실 것을 추천하며, 자기소개서는 완성본이 아니라 각 항목에 어떤 소재를 고민하고 있는지를 미리 생각하여 상담하면 그에 대한 조언을 얻을 수도 있으니 참고해 주시기 바랍니다.	
메모, 도구	메모장, 노트, 필기구, 핸드폰 메모, 태블릿, 노트북 등 빠르게 정리할 수 있는 메모 도구를 챙겨가야 합니다. 여러 대학에서 상담을 진행할 경우 어떤 내용을 상담했는지 잘 정리해 두지 않으면 기억하지 못할 수 있습니다.	
배치도	배치도는 박람회 입구에서도 배부받을 수 있는데 입장 전 미리 살펴보면서 자신이 상담받고자 하는 대학 부스의 위치를 확인하여, 이동 경로를 미리 계획해야만 최대한 많은 상담을 받을 수 있습니다.	
질문	대학 입학 담당자를 만나 어떤 질문을 할 것인지 미리 준비하여야 합니다. 오랜 대기 시간에 비해 상담은 짧게 이루어지고, 학생의 상황을 충분히 들어준 상태에서 진행되는 상담이 아니기 때문에 꼭 필요한 질문을 던져 답을 들을 수 있도록 준비해야 합니다.	
질문 예시	1	(자신의 대입 준비 정도를 간략하게 설명한 후) 저에게 맞는 전형을 추천해 줄 수 있는지, 각 전형별 지원 시 유리한 점과 불리한 점은 무엇인지 문의하기
	2	(자소서 소재로 고민한 활동을 설명하고) 이 학과의 시각에서, A 소재와 B 소재 중 어떤 소재가 3번에 더 적합할지 문의하기
	3	(자신의 대입 준비 정도를 간략하게 설명한 후) 부족한 활동이나 인재상이 있는지, 있다면 어떤 활동으로 보완이 가능할지 문의하기
	4	추가 활동을 채운다면 합격 가능성이 있을지 문의하기
	5	(자신의 가장 취약점을 설명하고) 이것이 얼마나 불리하게 평가될지, 자소서에서 보완이 가능할지 문의하기
	6	자신의 활동 중에서 자소서에 기재가 가능한지 불가능한지 궁금한 소재가 있다면 문의하기
	7	전공적합성 측면에서 자신이 준비한 활동의 방향이 지원 학과에 적합한지 질문하고, 필요한 역량은 무엇인지 문의하기
	8	지난 입시 결과 (교과와 비교과 수준) 문의하기
	9	입시 전형의 특징, 특히 올해 신설 학과나 경쟁률 추이 등 참고할 만한 입시 특징이 있는지 문의하기
	10	면접 유형과 준비 방법 문의하기

동영상 강의

그렇지 않습니다. 보통 같은 고등학교에서 같은 대학의 같은 학과에 같은 전형으로 지원하게 되면, 둘 다 무조건 탈락하거나 둘 중 교과 내신 등급이 높은 학생만 합격하고 다른 학생은 무조건 탈락한다고 생각하는 학생들이 많습니다. 그러나 대입의 어떤 전형에서도 같은 고등학교 학생을 비교 평가하여 진행되는 과정은 없으며, 개인별 평가로 진행되기 때문에 같은 고등학교에서 같은 대학의 같은 학과에 같은 전형으로 합격하여 함께 수학하는 사례도 많이 존재합니다.

이런 경우에 주의해야 하는 것은 지원 학생 서로 간에 개인적 특성이 드러나는 변별력을 갖추고 있는가 하는 점입니다. 대부분의 고등학교에서 같은 전공 분야를 꿈꿔온 학생들은 같은 선택 과목을 이수하고, 같은 동아리에 참여하여 활동하며, 수행 평가 및 진로 활동을 함께 구성하여 활동하는 등 대부분의 활동을 공유함으로써 서로 자신만의 특별함이 드러나지 않는 학교생활이 만들어졌을 가능성이 높습니다. 더해서 학교생활기록부의 기록이나 자기소개서 내용에서 조차 개인의 특성이 드러나지 않는 기록으로 비슷하게 구성되었다면 두 학생 중 교과 내신이 높은 학생이 좀 더 유리하거나, 두 학생 모두 불리하게 평가받을 수밖에 없는 상황이 됩니다. 따라서 선생님들께서도 학교생활기록부에 각 학생의 특성이 드러날 수 있는 기록으로 구성해야 하며, 학생들도 자기소개서에서 공동의 활동 속에서도 자신의 이야기가 잘 드러날 수 있도록 구성해야 합니다.

		수시 대입 기본 용어
1	교과	국어, 영어, 수학, 사회, 과학과 같이 학생이 수업으로 이수하는 교과목을 일컫는 말입니다. 원점수, 평균, 표준편차, 성취도, 이수자 수, 등급 등 수치화하여 평가하는 지필평가와 다양한 활동과 접목하여 학생의 수행 능력을 평가하는 수행평가로 구성되며, 학생의 학업역량을 평가할 수 있는 가장 중요한 요소입니다.
2	비교과	위에서 언급한 교과 부분을 제외한 학교생활을 일컫는 말입니다. 출결, 수상, 자율활동, 진로활동, 동아리활동, 봉사활동, 독서활동 등이 대표적인 비교과 활동이며, 학교생활의 적극성과 성실성을 평가할 수 있는 중요한 요소입니다.
3	정성평가	평가요소를 계량화, 정량화하기 어려운 학생의 학업역량, 전공적합성, 인성, 발전가능성 등을 평가하기 위해 학생이 처한 환경과 성장 과정까지 고려하며 의미를 찾아 해석하는 평가 방법입니다.
4	정량평가	수량화가 가능한 요소를 평가하는 방법으로, 객관적으로 비교 기준이 명확한 교과 내신을 주요 요소로 하여 평가하는 방법입니다.
5	수능 최저 (최저학력기준)	지원 자격 중 일정 수준 이상의 수능 성적을 합격 기준으로 설정하여 제시하는 전형 요소입니다. 다른 요소가 뛰어난 결과를 보인다고 하더라도 수능 최저 학력 기준을 충족하지 못한 학생은 입학사정의 대상에서 제외됩니다.
6	최초합격	자신이 지원한 전형에서 최초에 합격한 것을 의미하는데, 지원 전형에서 20명을 선발할 경우, 합격자 20인 안에 들어 최초에 합격한 경우를 의미합니다.
7	충원합격 (추가합격, 추합)	위에서 언급한 최초 합격자가 최종 등록을 하지 않아 결원이 생겼을 때 예비합격자를 추가로 합격시키는 경우 미등록 충원합격이라고 하며, 보통 추가합격 또는 줄임말로 추합이라고 표현합니다.
8	최종합격	단계별 전형에서 최종 단계에 합격한 경우 최종합격이라고 표현하는데, 수시 지원의 특징 상 충원합격이 일어나면서 마지막 충원합격으로 등록한 합격자를 최종합격으로 표현하기도 합니다.
9	충원율	최종 충원이 된 학생의 수를, 지원한 전형의 모집인원 수에 대비하여 비율로 표현한 것이 충원율입니다. 수시 지원 시 충원합격할 수 있는 가능성이 어느 정도 되는지를 충원율 분석을 통해 가늠해 볼 수 있습니다.

10	경쟁률	지원한 전형의 모집인원 수에 대비하여 몇 명이 지원하였는가를 비율로 표현한 것이 경쟁률입니다. 경쟁률 분석을 통해 지원 모집단위의 선호도와 입시결과의 변동 등을 가늠해 볼 수 있습니다.
11	6합	수시 지원 6회 중 6회 모두 합격한 것을 의미합니다. 수시 대입을 준비하는 학생의 시각에서는 6합을 가장 원하지만 최종 결과가 6합으로 나올 경우, 지원 전략을 전체적으로 하향으로 구성했을 가능성이 있어 아쉬움이 남을 수 있습니다.
12	광탈하다 (6광탈)	'빛의 속도로 탈락하다'라는 뜻의 불합격을 의미하는 말로, 특히 다단계 전형에서 2단계까지 가지 못하고 1단계에서 불합격되었음을 강조하여 표현하는 말입니다. 그중에서도 6광탈은 수시 지원 6회 모두 탈락한 것을 의미합니다.
13	문 열고 들어가다	최초합격, 그것도 우수한 성적으로 합격하였음을 강조하는 표현입니다. 학생부 교과전형이나 정시 전형 등 입시결과가 명확하게 드러나는 전형에서 사용되는 표현입니다.
14	문 닫고 들어가다	합격자 중 자신이 가장 낮은 등수로 합격하였음을 강조하는 표현입니다. 학생부 교과전형이나 정시 전형 등 입시결과가 명확하게 드러나는 전형에서는 어느 정도 자신의 위치를 가늠하여 사용할 수 있는 말이며, 학생부종합전형의 경우에는 합격자 순위를 가늠할 수 없는데 학생 스스로 자신의 교과 및 비교과 역량이 다른 지원자에 비해 많이 부족했지만 합격했다고 생각하거나 대학이 상향 지원 대학이었음을 강조할 때 사용하는 표현입니다.
15	수시 납치	대입 수시 전형에서 합격된 경우, 등록 여부와 상관없이 정시 전형에는 지원이 불가능합니다. 수능 시험 결과가 불안하여 정시로 지원 가능한 수준보다 낮은 대학에 수시 지원하여 합격한 경우, '수시에 납치되었다'라고 표현합니다.
16	우주 상향	보통 자신의 준비 정도보다 상향 대학을 지원할 때 사용하는 표현입니다. 합격 가능성이 매우 희박하게 느껴질 정도로 높게 지원한 것을 강조하는 말입니다.
17	교차 지원	교차 지원은 자신이 수능에서 응시한 계열이 아닌 다른 계열에 지원을 하는 것을 말합니다. 전형과 학과 특성에 따라 특정 과목의 필수 응시 이수단위가 필요할 경우 교차 지원이 불가능할 수 있으니 대학별 모집요강을 통해 확인한 후 지원 여부를 결정해야 합니다.
18	이중등록	한 학생이 동시에 2개 대학에 등록하는 것을 의미합니다. 이중등록이 확인될 경우 입학 취소 사유가 되기 때문에 하나의 대학에만 등록을 해야 하며, 수시 충원 합격 등록 기간에 헷갈리지 않도록 주의해야 합니다.
19	정시 이월	수시에서 선발하기로 한 모집인원이 충족되지 않아 정시 모집인원으로 이월하여 선발하는 것을 의미합니다.
20	특별 전형	특별한 지원 자격에 해당하는 학생들만 지원하여 따로 선발하는 전형으로 고른 기회전형, 사회배려자전형, 특성화고전형 등이 있습니다. 지원 자격에 해당하지 않는 학생들은 지원할 수 없기 때문에 일반 전형에 비해 경쟁률이 낮지만, 선발하는 학생 수가 적고, 충원율이 낮은 특성이 있어 일반 전형만큼이나 어려운 전형입니다.

		수시 원서 접수 방법
1	원서 접수처	원서 접수는 인터넷으로 접수하며, '각 대학별 입학처 홈페이지, 유웨이 어플라이, 진학사 원서접수'로 접속하여 원서 접수가 가능합니다. 어느 방법으로 원서접수를 한다고 해도 통합회원으로 가입되어 원서 접수 내용은 연동되니 개인정보는 한 번 등록으로 사용이 가능합니다.
2	개인 정보 입력	원서 접수 시 개인정보는 반드시 학생 본인의 정보로 가입해야 합니다. 간혹 부모님의 정보로 등록해도 되는지를 문의하는 학생들이 있는데 주의해서 자신의 정보로 가입하시기 바랍니다.
3	증명사진 준비	원서 접수를 할 때 증명사진을 업로드해야 하기 때문에 원서 접수 전 미리 파일로 저장하여 사용이 가능하도록 준비해 두시기 바랍니다.
4	연락처 입력	원서 접수 시 입력하는 연락처는 합격자 발표 시 연락 방법으로 사용됩니다. 따라서 자신의 번호를 비롯하여 언제든 통화가 가능한 번호를 순서대로 입력해 주시기 바랍니다. 또 원서 접수 이후 연락처가 변경된 경우, 지체 없이 바로 정보 변경을 신청하여 완료하기 바랍니다.
5	전형명 확인	원서 접수 시 각 대학의 전형명에 주의하여 자신이 선택한 전형을 정확하게 확인하여 접수해야 합니다. 가령 '학교생활우수자전형, 학생부우수자전형' 등과 같이 한 대학 안에서도 비슷한 전형이 운영되는 경우 실수로 다른 전형을 클릭하여 접수하는 실수가 매년 일어납니다. 자신이 선택한 전형명을 모집요강에서 정확하게 확인하여 적어둔 후 접수 시에 꼼꼼하게 비교하며 접수하기 바랍니다.
6	자기소개서 입력	수시 원서 접수 시 자기소개서를 함께 입력합니다. 이때 학생들의 편의를 제공하기 위해 공통문항은 한 번에 입력할 수 있도록 되어 있습니다. 원서 접수 시에 입력하는 자소서는 추후 수정이 가능하니, 각 대학별 자소서 수정일에 맞춰 최종 입력하시면 됩니다.
7	캠퍼스 위치 확인	대학 중 여러 개의 캠퍼스를 운영하는 곳이 있는데 캠퍼스별로 대입 전형을 분리하여 실시하는 대학이 있습니다. 예를 들어 연세대학교와 연세대학교 미래캠퍼스, 건국대학교와 건국대학교 글로컬캠퍼스, 한국외국어대학교와 한국외국어 글로벌캠퍼스 등이 이에 해당합니다. 지원하고자 하는 대학의 캠퍼스명을 정확하게 확인하여 신청 오류가 없도록 주의해야 합니다.
8	결제 준비 및 통장 정보 확인	원서 접수 시 결제를 위한 신용카드 및 통장 정보를 미리 준비해 두시기 바랍니다. 불합격 시 환불 정책을 가진 대학이거나, 합격자 발표 시 예치금 입금 후 등록 포기로 예치금 반환 처리 등에서 정확한 계좌정보가 필요하니, 환불계좌정보를 정확하게 필수로 입력해 주시기 바랍니다.

9	결제 완료 필수	원서 접수 내용을 저장한 후, 최종 결제까지 모두 완료해야 원서 접수가 마감됩니다. 원서만 저장한 뒤 접수가 끝난 것으로 오해하여 결제하지 않은 경우, 접수 처리가 되지 않으니 마지막 절차까지 완료해 주시기 바랍니다.
10	결제 후 취소 및 변경 불가	원서 저장 후 결제까지 모두 마치고 나면, 원서 접수를 취소하거나 선택 대학을 변경하는 것이 절대 불가능합니다. 따라서 최종 결제 전 지원 대학과 전형의 리스트를 정확하고 꼼꼼하게 확인한 후 신중하게 진행하기 바랍니다.
11	수험번호 확인 및 메모	결제 이후 원서 접수가 모두 끝나면 자신의 수험번호가 부여됩니다. 이때 수험표를 출력하거나 사진 촬영, 또는 메모해 두어 확인이 용이할 수 있도록 준비해야 합니다. 1단계 합격 및 최종합격 시 수험번호 입력이 필요하기 때문입니다.
12	원서 외 제출 서류 확인	자신이 지원한 대학과 전형 특성상 추가 서류 제출이 필요한 경우, 제출 목록을 확인하여 마감일 전에 반드시 제출해야 합니다. 학교생활기록부나 자기소개서와 다르게 추가 서류의 경우 우편발송이나 방문 제출의 방법으로 제출해야 하기 때문에 '제출 서류 목록, 제출 방법, 제출 일정'을 정확하게 확인하여 지원결격사항에 해당하지 않도록 주의해야 합니다.
13	자기소개서 수정일 확인	대학마다 원서 접수 마감일과 자기소개서 수정 마감일이 같은 경우도 있고 다른 경우도 있습니다. 자기소개서 수정일을 정확하게 확인하여 불이익이 없도록 해야 합니다. 또한 서류 제출 및 수정 마감일 중 마감 시간 한 시간 전부터는 인터넷 접속자가 늘어 홈페이지 오류의 가능성도 있으니 마감 시간보다 한두 시간 일찍 접수 및 입력을 완료하길 추천합니다.
14	원서 접수 시기	원서 접수 기간 중 원서 접수는 일찍 해야 하는지, 마감일에 맞춰 늦게 하는 것이 좋은지 궁금해하는 학생이 많습니다. 원서 접수 시기는 대입 평가의 대상이 아니기 때문에 접수 시기에 따른 유불리는 존재하지 않습니다. 다만 대학에 따라 원서 접수 순서로 면접 순서를 결정하는 대학이 있으니, 자신의 면접 일정을 고려하여 선택하시길 추천합니다. 또한 원서 마감일 중 마감 시간 한 시간 전부터는 인터넷 접속자가 늘어 홈페이지 오류의 가능성도 있으니 마감 시간보다 한두 시간 일찍 접수를 완료하길 추천합니다.
15	개인 정보 보호하기	원서접수를 모두 완료하고 난 뒤 자신의 수험번호와 원서 접수 비밀번호 등의 정보가 주변에 공개되지 않도록 철저하게 주의해주시기 바랍니다. 일례로 최종 합격 발표가 난 뒤 SNS를 통해 공개한 합격증 사진을 통해 수험번호를 확인하고, 평소 알고 있던 친구의 개인정보를 이용하여 본인으로 사칭하여 합격한 대학에 등록 포기 신청을 했던 사건도 있었습니다. 따라서 수험표 관리뿐만 아니라 친한 친구 사이에서도 서로를 위해 원서 접수 정보를 공유하지 않을 것을 추천합니다.

대입 수시 자기소개서 Q&A

자기소개서에 대해 궁금한 모든 것

자기소개서는 말 그대로 대학에 지원하는 지원자 자신이 지원하는 대학에 합격하기에 충분한 역량을 가지고 있음을 소개하는 글입니다. 학생부종합전형에서 주요 평가 요소인 학교생활기록부의 경우 기록하는 주체가 학교 교사이기 때문에 학생의 생각을 알기에는 부족하기도 하고 학교생활기록부가 활동의 결과 위주로 기록되기 때문에 활동의 계기와 과정을 자세하게 알기 어렵습니다. 따라서 대학에서는 학교생활기록부 이외에 자기소개서 서류를 추가로 제출하도록 하여 학생 자신의 이야기를 듣고자 합니다.

학생부종합전형의 평가 요소로 자기소개서를 활용하는 대학들은 대부분 한국대학교육협의회의 자기소개서 공통 문항을 활용합니다. 공통 문항은 총 2문항이며, 이외에도 추가로 대학별 자체 문항으로 1문항을 출제하여 활용하는 대학도 있습니다. 따라서 매 학년도의 대학별 자기소개서 공통 문항과 자율 문항을 정확하게 확인한 후 출제 문항의 의도에 적합한 내용으로 구성하여야 합니다.

자기소개서에서는 학교생활기록부에는 담지 못한 자신의 이야기를 풀어내는 것에 집중해야 합니다. 고등학교 생활 동안 참여한 활동들은 결과 보고의 형태로 학교생활기록부에 이미 기재되어 있습니다. 따라서 자기소개서에서는 학생이 참여한 활동의 계기, 활동을 하며 어려웠던 점이 있다면 무엇이고 어떻게 극복하였는지, 그 활동을 통해 느낀 바는 무엇이며 어떤 성장을 이루었는지 등 학생 스스로 자신의 성장을 이끌어 간 구체적인 사례를 활용하여 학교생활기록부를 부연 설명할 수 있어야 합니다. 자기소개서를 바탕으로 대학에서는 학교생활기록부에서 생긴 궁금증을 해결하는 서류로 활용하기도 하고, 학교생활기록부에서 어떤 점을 중심으로 보아야 하는지를 가늠하는 참고 서류로 활용하기도 합니다. 이러한 자기소개서의 활용 방법을 제대로 이해한다면, 자신의 부족한 점에 대해 그 사유를 풀어내거나, 자신이 자랑하고자 하는 부분을 강조하고, 자신이 만들어 온 학교 활동의 의도와 방향성을 대학에서 참고할 수 있도록 설명할 수 있기 때문에 완성도 높은 자기소개서를 충분히 작성할 수 있습니다.

🔔 합격 꿀팁
똑같이 3년을 개근한 A학생과 B학생이 있습니다. 두 학생 모두 학교생활의 성실성을 기본적으로 평가받을 수 있습니다. 다만 A학생의 자기소개서에는 이에 대해 언급된 부분이 없지만, B학생의 경우 "학교까지 통학에 왕복 3시간이 걸리며, 아침 버스를 놓치면 한 시간을 기다려야 하는 통학 환경에서 아침 등교는 늘 제게 도전의 연속이었습니다"로 시작하는 소재가 기록된 경우, B학생이 가진 학업에 대한 집념과 끈기, 어려운 상황에서도 개근을 위해 노력한 역경 극복의 자세 등이 추가적으로 평가될 수 있습니다. 학교생활기록부의 내용만으로는 드러나지 않는 자신의 특성을 소개할 수 있는 유일한 기회인 자기소개서를 최대한 활용하기 바랍니다.

Q2 수시 대입에서 자기소개서의 변화와
그 영향은 어떠한가요?

동영상 강의

2018년에 발표된 교육부의 '2022학년도 대학입학제도 개편방안 및 고교교육 혁신방향'에 따라 학생부종합전형의 공정성을 재고하고 대학의 선발 투명성을 강화하기 위해 기존의 자기소개서 서식이 개선됩니다. 2022학년도와 2023학년도 수시 대입에서는 문항 수와 글자 수가 축소된 새로운 자기소개서 서식이 활용되며, 2024학년도 수시 대입부터는 자기소개서가 전면 폐지됩니다. 이러한 변화로 글 작성에 대한 부담은 줄어들 수 있으나, 학교생활기록부에 드러나지 않는 학생 개인의 생각과 노력을 직접 평가자에게 전달할 수 있는 장점을 고려한다면 아쉬운 부분도 있습니다.

학생부종합전형의 대표적인 평가 요소 중 하나인 자기소개서가 축소·폐지되기 때문에 학교생활기록부와 면접이 더욱 중요해졌습니다. 이에 더욱 적극적으로 학교생활기록부에 변별력 있는 내용을 기재할 수 있도록 충실한 학교생활을 만들어 갈 것을 추천하며, 면접까지도 최선을 다해 준비할 것을 강조드립니다.

		2022년 [2021년 고3]	2023년 [2021년 고2]	2024년 [2021년 고1]
1	자기소개서 활용	대학별 선택적 활용		
2	자기소개서 문항	1번 학습경험, 교내활동 2번 공동체 역량 3번 대학별 자율문항 (기존 4개 문항에서 3개 문항으로 축소)		모든 대학 미활용 (자기소개서 전면 폐지)
3	자기소개서 글자 수	1번 1,500자 이내 2번 800자 이내 3번 800자 이내 (기존 5,000자에서 3,100자로 축소)		

Q3 자기소개서 1번은 어떤 문항인가요?

동영상 강의

자기소개서 1번 문항은 전공적합성 측면에서 지원자의 '전공 학업 역량, 전공 탐색 경험'을 참고할 수 있는 문항으로 이루어져 있습니다.

"고등학교 재학 기간 중 자신의 진로와 관련하여 어떤 노력을 해왔는지 본인에게 의미 있는 학습 경험과 교내 활동을 중심으로 기술해 주시기 바랍니다." (띄어쓰기 포함 1,500자 이내)

	대학에서 평가하고자 하는 것	자기소개서 소재 사례
1	학업역량 (학업우수성, 학업성취도)	우수한 성취 결과를 보인 과목의 노력 과정 예) 3년간 수학 과목을 1등급으로 유지할 수 있었던 학습과 노력의 방법
2	학업발전성 (성장가능성, 잠재력)	성장하는 성취 결과를 보인 과목의 노력 과정 예) 1학년부터 3학년까지 5등급에서 2등급으로 성장시킨 영어 과목 학습과 노력의 방법
3	탐구능력, 학업 자세 (지적호기심)	수업 중 배운 내용에서 생겨난 지적호기심을 탐구 활동으로 해결한 사례 예) 물리 수업 중 배운 이론을 동아리활동에서 실험을 통해 증명해 본 경험
4	전공적합성 (관심, 열정)	전공과 밀접한 과목에서의 우수성이나 발전의 경험, 탐구 활동 사례 예) 영어영문학과 지원자가 국어 수업 중 배운 언어의 역사성과 관련하여 영어에서의 역사성은 어떻게 드러나는가를 문헌 조사를 통해 탐구한 사례

보통 대학에서 정성평가의 한 요소로 활용하는 '전공적합성'을 '전공과 관련한 활동 경험'으로만 좁게 이해하는 학생들이 많습니다. 그러나 대학에서 의미하는 '전공적합성'에는 전공학업을 수행하기 위한 기초 학업 역량과 전공에 대한 관심과 도전

경험이 모두 포함됩니다. 따라서 자기소개서 1번 문항에서 이 두 가지 역량에 대한 자신의 노력과 성취를 보일 수 있도록 구성해야 합니다. 다만 전공 경험 여부에만 집중하여 많은 수의 경험들을 나열하며 실적 위주로 작성하는 것은 주의해야 합니다. 자신을 가장 잘 설명할 수 있는 소재를 선별하여, '활동 계기, 노력 과정, 결과를 통해 깨닫고 성장한 점' 등과 같이 경험을 통한 자신의 생각을 보일 수 있도록 기술해야 합니다. 이때 중요한 것은 위에 선별한 소재가 자신이 이 전공 분야에 지원하게 된 지원 동기와 유기적으로 연결될수록 설득력 있게 구성될 수 있다는 섬입니다. 따라서 자신의 학습경험과 교내 활동이 이 전공 분야에 지원하고자 하는 자신에게 어떤 성장의 원동력이 되었고, 이를 바탕으로 하여 앞으로 더욱 발전시켜 나갈 잠재력을 가지고 있다는 점으로 연결하여 작성하는 것이 중요합니다.

동영상 강의

Q4 자기소개서 1번 중 '의미가 있는 학습경험'에 어떤 소재를 써야 하나요?

대학에서 자기소개서 1번 '의미가 있는 학습경험'을 통해 평가하고자 하는 것은 크게 다음의 네 가지입니다. 각각의 역량을 보일 수 있는 구체적인 사례를 활용하여 소재를 구성하는 것이 좋습니다.

· 얼마나 우수한 학업역량을 가지고 있는가
· 학업의 발전가능성을 가지고 있는가
· 자기주도적 학업 자세를 넘어 지적호기심을 해결하고자 하는 학업탐구능력이 있는가
· 전공 분야의 학업 역량이 충분한가

먼저 우수한 학업 성취 결과를 바탕으로 자신이 가진 학업역량을 강조할 수 있습니다. 이때 3년간 우수한 성적을 유지한 과목을 소재로 선택하여 그 결과를 달성하기 위해 노력한 과정을 중심으로 이야기를 구성할 수 있으며, 이 소재는 자신이 가진 학업적 우수성을 드러내기에 적합합니다. 다음으로 처음에는 학업성취도가 다소 낮았지만 꾸준한 노력을 통해 성장을 한 경우, 그 경험을 소재로 하여 학업의 발전가능성을 강조할 수 있는데, 이 소재는 성장의 가능성과 함께 학업에 대해 포기하지 않는 자세를 드러낼 수 있습니다. 또 특정 분야의 주제를 해결하기 위해 탐구해 본 경험을 통해 지적호기심을 채워나갈 수 있는 역량을 강조할 수 있는데 이 경우에는 학교 수업의 배움을 바탕으로 하여 한 단계 나아간 학업의 깊이를 보일 수 있다는 점에서 긍정적인 평가를 받을 수 있습니다. 위의 세 가지 경험들은 특히 전공과 밀접한 교과에서

드러날 경우 전공적합성 평가에서 유리하게 평가될 수 있습니다. 따라서 자신의 전공 분야에서 가장 중요한 과목은 무엇인지를 파악하고 우선순위를 정하여 소재를 선별해 나가야 합니다.

 합격 꿀팁

자기소개서 글자 수는 꼭 맞춰야 하나요?

자기소개서는 문항당 글자 수가 정해진 글입니다. 띄어쓰기를 포함하여 1번 1,500자 이내, 2번 800자 이내, 3번 800자 이내입니다. 자기소개서를 대학에 제출할 때 온라인 원서 접수 사이트를 통해 직접 입력하는 방식으로 작성하는데, 이때 정해진 글자 수를 채우고 나면 더는 입력이 되지 않습니다. 따라서 자기소개서를 쓸 때 최대 글자 수 이내로 작성해야 합니다. 반대로 정해진 글자 수보다 적게 완성한 학생들도 많습니다. 얼마 이상을 채워야 한다는 규정은 없으나, 글자 수가 지나치게 적으면 자신을 설명할 기회도 잃으면서 성의 없는 지원으로 평가받을 수 있으니 주어진 글자 수 안에서 최대한 자신의 역량을 보일 수 있는 내용을 채워 강조해 주시기 바랍니다.

동영상 강의

자기소개서 1번 중 '의미가 있는 교내 활동'에는 학교생활에서 경험한 모든 활동이 소재가 됩니다. 중요한 것은 이 문항에서 자신의 어떤 역량을 드러낼 것인지를 먼저 선택한 후에, 그 역량을 가장 잘 보여줄 수 있는 소재를 선별하는 것입니다.

	강조할 수 있는 역량	자기소개서 소재 사례
1	전공적합성	전공과 진로 분야에 밀접한 경험의 우수성 예) 영어영문학과 지원자의 영어말하기 대회 경험
2	경험의 다양성	교내 다양한 활동에 적극적으로 참여한 결과 예) 영어영문학과 지원자의 사회주제 토론 대회 경험
3	문제해결력	문제점을 인식하고 해결하기 위해 노력 예) 잔반의 양을 줄이기 위해 급식소 캠페인
4	활동 참여의 자세	각 활동에 적극적으로 참여하여 보인 자세 예) 실험 결과의 오류에도 포기하지 않고 재도전 경험

이 문항을 통해서 '자신이 전공 분야의 학업을 해 나갈 수 있는 전공적합성을 가지고 있다는 것을, 다양한 교내 활동에 적극적으로 참여하며 팔방미인으로서 통합적 역량을 길러왔음을, 학교라는 공동체를 더 나은 방향으로 발전시키는 데에 기여하고자 늘 문제점을 파악하고 해결할 수 있는 대안을 제시하는 적극성을 가졌음을, 목표를 설정하고 그것을 이루고자 참여한 모든 활동에 최선을 다하여 노력하는 학생임을' 강조할 수 있습니다. 다음의 표에서 제시한 역량은 자기소개서 1번 문항을 통해

드러낼 수 있는 다양한 역량 중 대표적인 예시를 안내한 것이며, 각각의 역량들은 서로 융합되어 하나의 소재 안에서도 함께 나타날 수 있습니다.

　자신을 잘 드러낼 수 있는 교내 활동을 작성하며 학생들이 가장 많이 하는 실수는 자신이 참여한 활동들을 무의미하게 나열하는 것입니다. 많은 학생들이 '활동 참여의 여부'만을 통해 자신의 우수성이 드러난다는 오해를 합니다. 그러나 대학이 확인하고자 하는 것은 '학생' 자신이지 학생이 수행한 '활동'이 아니라는 것을 정확하게 이해해야 합니다. 따라서 소재를 뽑을 때 '화려한 활동에서 내가 한 역할이 잘 드러나지 않는 활동'보다는 '활동을 통해 얻은 역량이 확실하여 나를 분명하게 드러내 주는 활동'을 위주로 선별하여 고려하길 바랍니다.

 합격 꿀팁

선택한 소재의 시간 흐름에 따라 구성해야 하나요?

그렇지 않습니다. 선택한 소재가 유기적으로 연결되어 시간의 흐름에 맞게 진행된 소재들이라면 시간의 흐름에 따라 먼저 일어난 일을 가장 위에 배치하고 나중에 일어난 일을 아래에 배치하여 작성할 수 있지만, 선택한 소재들이 하나의 이야기로 연결되지 않을 경우, 자신에게 가장 중요한 의미를 담고 있는 소재를 맨 위에 배치하여 강조할 것을 추천합니다.

동영상 강의

Q6 자기소개서 2번은 어떤 문항인가요?

자기소개서 2번 문항은 학생이 공동체 생활 속에서 보인 인성과 사회성에 대한 부분을 참고할 수 있는 문항으로 이루어져 있습니다.

"고등학교 재학 기간 중 타인과 공동체를 위해 노력한 경험과 이를 통해 배운 점을 기술해 주시기 바랍니다." (띄어쓰기 포함 800자 이내)

학생부종합전형은 학업성취라는 한 가지 요소로만 선발하는 전형이 아니라 여러 영역에서 각자 뛰어난 부분을 가진 다양한 인재를 선발하는 전형입니다. 그리고 대학에서는 그러한 인재들이 협력을 통해 서로의 강점을 부각하고 약점을 보완하는 동반 상승 작용을 이뤄내기를 원합니다. 대학에 진학하여 학업을 수행하는 과정뿐만 아니라 대학 졸업 후 전공 분야에서 전문가로 활약하는 과정에서도 다른 사람과의 협업 작업은 필수입니다. 따라서 대학은 2번 문항을 통해 지원자가 고등학교 생활 중 여러 사람과 목표를 설정하고 그것을 달성하기 위해 노력하는 과정에서 '어떻게 소통하고, 협력하는 과정에서 타인을 어떻게 배려하는지, 또 갈등을 조율하고, 목표 달성에 어떻게 기여했는가' 하는 공동체 의식을 확인합니다. 고등학교 과정에서 타인과의 상호작용 성향을 확인하고 이러한 인성이 대학 진학 후에도 이어질 것으로 예측할 수 있기 때문입니다. 자신이 의미 있게 참여했던 소재를 선택해서 어떤 노력의 과정을 거쳤는지 구체적으로 서술하고, 그 경험을 통해 느낀 점과 성장한 점을 바탕으로 한 자신의 생각을 작성하는 것이 좋습니다.

자기소개서 2번에는
어떤 소재를 써야 하나요?

동영상 강의

　자기소개서 2번 문항에는 타인과의 상호과정을 보일 수 있는 모든 단체 활동이 소재가 될 수 있습니다. 교내 대회에 다른 친구들과 팀을 이루어 참가했던 경험, 동아리에서 목표를 달성하기 위해 친구들과 협력한 경험, 수행 평가에서 각자의 역할을 분배하고 협력한 경험, 합창대회, 체육대회 등에서 다른 친구들과 협력하는 과정에서 경험한 갈등의 사례와 이를 조율하고 극복하기 위해 소통한 경험들을 자기소개서에서 풀어낼 수 있습니다.

　이때 주의할 점은 자신이 맡은 역할을 구체적으로 드러낼 수 있어야 한다는 점입니다. 우수한 결과를 냈다는 것만 나타내고 그 안에서 자신이 기여한 바에 대해서는 명확하게 밝히지 못하는 학생들이 많습니다. 따라서 소재를 선택할 때, 결과의 우수성과 전공 분야의 적합성을 드러내는 것도 고려해야 하지만 자신이 수행한 역할을 명확하게 설명하고 공동체의 목표 달성을 위해 기여한 바를 뚜렷하게 보일 수 있는 소재로 선정해야 합니다.

　이외에도 다른 친구들과의 협업 과정에서 리더십을 발휘한 소재를 선택하여 강조할 수도 있습니다. 많은 학생들이 학생회 회장 및 부회장, 학급 회장 및 부회장 등의 임원으로서 활동했을 경우에만 리더십을 발휘할 수 있다고 생각하여 이러한 경험이 없을 경우 불리하게 작용하지 않을까 걱정합니다. 그러나 리더십의 역량 또한 여러 협력의 사례들 중 하나라는 점을 고려하여, 임원의 자격을 갖추지 않은 경우라도 여러 친구들과 함께 활동할 때 주도적으로 리드하며 친구들을 격려한 경험이 있다면 리더십 평가를 받을 수 있습니다. 또 리더가 아니라 하더라도 팔로워의 위치에서도 공동의 목표를 달성하는 데에 기여한 점이 있다면 2번 문항에서 평가하고자 하는 역량을 충분히 갖추었다고 판단할 수 있으니 다양한 관점에서 자신의 인성 역량을 살펴보기를 추천합니다.

	대학에서 평가하고자 하는 것	자기소개서 소재 사례
1	**인성** (봉사정신, 배려심)	봉사활동의 진정성과 지속성 예) 3년간 봉사동아리에서 꾸준하게 요양원 봉사를 하며 노인 봉사를 한 경험
2	**리더십** (책임감, 임원 경험)	단체 활동에서 두각을 보인 자세 예) 모둠수업장으로서 학교 조원들의 의견을 수렴하고 문제를 해결한 경험
3	**소통 능력** (사회성, 협력, 대화, 공동체 의식)	단체 활동에서 목표 달성을 위해 노력한 자세 예) 여러 명이 함께 출전한 교내 대회 준비 중 생긴 갈등을 대화를 통해 조율한 경험
4	**전공적합성** (관심, 열정, 도전 정신)	봉사활동 과정을 고민한 경험 예) 로봇학과 지원자가 요양원 봉사를 하며 요양 기관에서 로봇 활용에 대해 고민한 경험

동영상 강의

자기소개서 3번 문항은 한국대학교육협의회의 공통 문항이 아닌 대학별 자율 문항으로 이루어져 있습니다.

"〈자율 문항〉 필요 시 대학별로 지원 동기, 진로계획 등의 자율 문항 1개를 추가하여 활용하시기 바랍니다." (띄어쓰기 포함 800자 이내)

자기소개서 1~2번 문항에서 드러난 내용 이외에 추가로 궁금한 사항을 3번 문항에서 질문할 수 있습니다. 지원동기를 포함하여 기존 자기소개서 유형 변경 전의 대학별 자율 문항 질문을 바탕으로, 새롭게 변경될 자기소개서의 3번 문항을 몇 가지 대표 유형으로 정리할 수 있습니다.

유형 1: 대학 입학 후의 학업 계획   유형 2: 대학 입학 후의 진로 계획
유형 3: 자율문항 없음   유형 4: 가장 큰 영향을 준 도서

이 질문들의 의도는 명확합니다. 고등학교 과정에서 진로를 탐색하기 위해 어떤 노력을 하였으며, 그 노력의 결과로 성장한 역량은 무엇인지를 확인하고자 하는 것입니다. 적극적인 진로 탐색의 과정을 거친 학생이라면 그 안에서 진로에 대한 명확한 비전과 계획을 분명하게 수립하였으리라고 판단하기 때문입니다. 이에 반해 자기소개서 3번 자율 문항을 활용하지 않고 공통 문항만을 활용하는 대학들도 있습니다. 이 경우에는 다른 대학의 3번 문항 내용을 참고하면서 1~2번 문항 안에 학업 및 진로계획을 자연스럽게 포함하여 구성하는 것이 좋습니다.

동영상 강의

학생부종합전형에서 가장 핵심이 되는 질문인 지원동기입니다. 다른 전형과는 다르게 학생부종합전형에서는 고등학교 과정에서 충분한 진로와 전공 탐색을 통해 자신의 관심사에 맞는 전공을 찾아 대학에 진학한 후에도 흔들림 없이 학업에 집중할 수 있는 학생을 원합니다.

대학에서 평가의 대상에 해당하는 범위는 학생의 '고등학교 재학 기간'입니다. 지원동기의 진정성을 더욱 강조하기 위해 '어려서부터, 초등학교 때, 중학교 때'의 경험을 강조하며 다른 학생들보다 더 오래 이 분야에 대한 관심을 가져왔다는 것을 강조하는 학생들이 많습니다. 고등학교 이전 시기의 구체적인 경험이 진로를 선택하는데에 결정적인 영향을 주었다면 간단하게 언급할 수 있겠으나, 고등학교 이전의 활동은 사실 여부를 파악할 수도 없기 때문에 평가의 대상에서 제외됩니다. 글자 수가 제한된 자기소개서의 특성상 평가의 대상이 되지 않는 이전 시기의 활동들로 분량을 채우는 것을 추천하지 않으며, 고등학교 기간 중의 활동을 중심으로 구성하기 바랍니다.

지원동기 작성에서 무엇보다도 가장 중요한 것은 해당 모집단위에 지원하는 학생의 진정성과 설득력입니다. "정말 이 학생이 이 전공 분야에 지원하기를 원하는가?"에 대해 설득력 있게 설명할 수 있어야 합니다. 그러기 위해서는 우선 지원하고자 하는 모집단위 및 전공 분야에 대한 깊은 이해가 우선되어야 합니다. 간혹 모집단위의 특성을 제대로 파악하지 못한 채로 활동과 진로의 방향이 맞지 않는 내용으로 지원동기를 작성하는 학생들도 있습니다. 따라서 이 학교의 이 전공에서는 무엇을 배우며, 졸업 후 어떤 진로로 진출할 수 있는지를 정확하게 파악한 후 그에 맞춰 지원동기를 작성해 주시기 바라며, 지원동기의 설득력을 높이기 위해 고등학교 기간 중 교내에서 진로 탐색 및 전공 분야의 관심을 보이기 위해 도전했던 경험들을 함께 활용한다면 더욱 매력 있는 글을 구성할 수 있습니다.

합격 꿀팁

검정고시 학생의 경우, 평가 대상이 되는 기간은 언제인가요?

정규 교육과정을 이수하지 않은 검정고시 학생의 경우, 평가의 대상이 되는 기간은 '중학교 졸업 후 고등학교 재학 기간에 준하는 기간'입니다. 학생부종합전형으로 지원하는 경우, 검정고시 시험 성적 이외에도 학생의 다양한 대외활동을 통해 성장한 역량들을 함께 평가하기 때문에 대학 진학의 목표를 가진 학생이라면 다양한 활동을 찾아 적극적으로 경험을 쌓아나갈 것을 추천합니다. 청소년 단체, 봉사기관, 공신력 있는 대회 활동 등 자신의 경험을 서류로 증빙할 수 있는 활동에 참여하여, 학업역량, 인성, 전공적합성, 발전가능성의 역량을 보일 수 있도록 노력해 주시기 바랍니다.

Q10 자기소개서 3번
매력적인 학업계획 작성법은 무엇인가요?

동영상 강의

3번 문항에서 학업계획을 묻는 질문은 지원 학생이 얼마나 진로에 대해 구체적인 탐색을 해왔는가를 평가하는 기본이 됩니다. 설득력 있는 지원동기를 작성하기 위해 그 모집단위 및 전공 분야에 대한 깊은 이해가 우선되어야 한다고 말씀드렸습니다. 해당 모집단위 및 전공에서 어떤 내용을 배우고 어떤 역량을 기를 수 있는가에 대해 정확히 알고 있는 상태에서 그 분야로 나아가기 위해 고등학교 기간 어떤 학업을 해왔고, 그것을 바탕으로 대학에 진학하여 어떤 학업을 이어나갈 것인지에 대해 장기적인 목표를 가지고 있는 학생인지를 판단합니다.

대학 진학 이후의 학업계획을 수립해 보기 위해서는 다음의 내용들을 탐색하여 참고할 수 있습니다.

· 지원 모집단위의 교과과정 참고하기
· 지원 모집단위의 개설 동아리
· 대학의 특색 프로그램 파악하기
· 대학의 학사 프로그램 파악하기
· 지원 대학의 다른 개설 학과 파악하기

위의 내용들은 각 대학의 홈페이지, 대학 입학처 홈페이지, 학과 홈페이지, 대학의 대표 블로그 및 SNS 홍보 페이지 등을 활용하여 정보를 탐색할 수 있습니다. 각 대학과 모집단위에서 시행하고 있는 교과과정과 프로그램 등을 확인한 후, 자신이 고등학교에서 활동했던 내용들 중에서 그 프로그램의 기초 분야로 연결될 수 있는 활동들을 찾아봅니다. 고등학교 과정에서 이 분야의 학업을 위해 다양한 활동에 도전하며 기초 역량을 쌓아왔고, 이를 바탕으로 대학에 진학하여 더욱 발전된 학업을 이어나가고자 하는 의지를 이 문항에서 보여주셔야 합니다.

또 이중전공 및 융합전공, 유학 과정 연계, 실험실 프로젝트 등 각 대학만의 특색 프로그램들을 활용하여 전공 분야의 역량을 기르기 위해 다양한 도전을 해 나가고자 하는 의지와 다른 학과를 활용한 융합적 발전의 자세를 함께 보여주는 것도 좋은 방법입니다.

 합격 꿀팁

대학 진학 후의 학업계획은 고등학교 경험과 연결시키세요!

대학에 진학하여 배우는 내용과 참여할 수 있는 다양한 프로그램들을 확인했다면, 자신의 고등학교 경험 중 이와 연결할 수 있는 내용이 있는지 살펴봅니다. 예를 들어, 국어국문과에 진학하고자 하는 학생이 고등학교에서 교지편집부 활동을 하며 정확한 문법 사용에 대한 중요성을 느낀 바가 있을 때, 지금껏 문학 작품에만 관심이 많았는데 문법의 중요성을 깨달으며 대학 진학 후에도 이에 대해 더 자세하게 배우며 올바른 문법 사용을 위한 캠페인 활동에도 참여하고 싶다는 학업계획을 자기소개서에 작성한다면 매력적인 내용이 될 수 있습니다.

Q11 자기소개서 3번
매력적인 진로계획 작성법은 무엇인가요?

동영상 강의

　3번 문항에서 진로계획을 묻는 질문 역시 학업계획의 질문과 마찬가지로 지원 학생이 얼마나 진로에 대해 구체적인 탐색을 해왔는가를 평가하는 기본적인 문항입니다. 다만 학업계획의 범위가 대학 생활을 중심으로 묻는 질문이라면 진로계획은 대학 졸업 이후의 계획까지 묻는 장기적인 시각의 질문입니다. 대학 졸업 이후의 진로계획을 수립하기 위해서는 다음의 내용들을 탐색하여 참고할 수 있습니다.

· 진로명을 구체적으로 설정하기
· 진로로 나아가는 과정을 자세하게 확인하기
· 진로로 나아간 이후 자신이 기여하고자 하는 분야 설정하기

　자기소개서에 진로에 대한 계획을 작성할 때 구체적으로 고민한 흔적이 남을수록 좋습니다. 예를 들어, 회사명 등을 작성하지는 않지만 나의 진로 분야에서 선두에 있는 기업들을 살펴보고 그 안에서 내가 어떤 전문가로서 활동할 것인지를 구체적으로 알아두어야 합니다. 그러기 위해서는 전공 분야 및 진로와 관련하여 어느 부분까지 발전이 이루어져 가고 있는지 관련 기사 및 학술발표 내용 등을 탐색하여 정리해 두어야 합니다. 평가자들은 진로에 대해 추상적인 계획을 가진 학생보다, 그 진로에 다가가기 위한 구체적인 방법을 모색해 보고 그 직업을 가진 뒤에도 기여하고자 하는 바를 분명하게 계획하고 있는 학생에게 지원동기와 학업 의지에서 더욱 신뢰성을 가질 수 있습니다. 따라서 자기소개서 3번의 학업계획 내용에서 이러한 내용들을 충실하게 담을 수 있도록 해주셔야 합니다.

동영상 강의

　글의 도입부를 시작하기조차 어려워하는 학생들이 많습니다. "자기소개서의 도입부분이 탁월하지 않으면 입학사정관들이 읽지도 않는다"라는 소문으로 인해 학생들이 자기소개서 도입부 작성을 더욱 어렵게 느끼게 만드는 요인이 되기도 합니다. 매력적인 도입부를 작성하는 팁을 소개하기 전에, 자기소개서는 화려하고 유려한 문장을 쓴다고 해서 우수하게 판단되지 않는다는 점을 학생들이 꼭 기억하기를 바랍니다. 때로는 아주 간략하고 명료하게 시작한 문장이 활동 내용의 핵심을 더욱 분명하게 드러내는 좋은 방법이 됩니다. 자기소개서 글 도입부의 정해진 형식은 없고, 가장 중요한 것은 의도한 내용을 평가자에게 정확하게 전달하는 것입니다. 다만 글 자체의 시작을 어려워하는 학생들을 위해 아래의 예시를 참고하여 일단 글 작성을 시작한 후 자연스럽고 명료한 문장으로 다듬어나가길 추천합니다.

1. 명언, 좌우명, 별명으로 시작하기

· "수학으로 정의할 수 없는 것은 없다" 이것이 제가 수학에 빠져든 이유입니다.
· "실패를 모르는 사람만이 목표를 성취할 수 있다" 이것이 제 고등학교 생활의 좌우명이었습니다.
· 2학년 때까지 저의 별명은 '망나니'였습니다.

2. 결론, 깨달은 점으로 시작하기

· 토론 활동을 통해 하나의 관점을 바라보는 다양한 시각을 배울 수 있었습니다.

· 친구들과 함께 합창대회를 치르며 리더의 진정한 자세에 대해 고민할 수 있었습니다.

· 3년간 활동한 영어회화 동아리 활동으로 유창한 영어실력과 함께 영어에 대한 자신감을 키울 수 있었습니다.

3. 소제목 붙이기

· 학교 최초의 남성 · 여성 회장을 꿈꾸다!

· 역사에 이름짓기

· 저는 창업꿈나무입니다!

4. 시간 순서로 시작하기

· 처음 기부에 관심을 갖게 된 것은 고등학교 1학년 축제부스 활동 때였습니다. 이후 교내에서 열린 ~에 참여하면서 ~.

· 1학년 때 참여한 토론에서 저는 한 마디도 할 수 없었습니다. 2학년이 되어 ~.

'멋진 문장을 만들기 위해' 글의 내용과 동떨어진 문장을 구성하여서는 안 됩니다. 또 명언이나 속담 등을 활용할 때에는 너무 흔한 문장을 사용하여 이어질 내용이 한 번에 파악된다면 자신만의 특성을 평가받기 어렵고, 다른 사람과 똑같은 문장을 사용할 가능성도 있으니 자기소개서 유사도 검사에 주의하여야 합니다. 첫 문장을 어떤 형식의 문장으로 시작하더라도 가장 중요한 것은 그 문장의 내용이 뒤에 이어질 내용을 포함하며 대표성을 띄어야 한다는 점입니다. 다양한 도입 문장으로 글을 시도해 보고 뒤에 이어질 글을 가장 잘 드러내어 줄 수 있는 문장을 선택하기 바라며, 위의 형식을 참고하여 매력적인 도입부를 만들어 나가길 바랍니다.

Q13 소재가 여러 개인 경우, 하나의 스토리로 연결되어야 하나요?

동영상 강의

  그렇지 않습니다. 아래의 표와 같이 학생이 만들어 온 활동의 특성에 따라 하나의 문항 안에서도 여러 개의 소재를 활용하여 글을 구성할 수 있습니다. 이때 각 소재가 이어지는 글로 구성되지 않아도 괜찮습니다. 예를 들어 '지원동기, 의미 있는 학업경험, 교내 활동' 등을 작성할 수 있는 1번 항목에 각 세 개의 사례로 글을 구성할 경우, 전혀 다른 소재의 3개 문단 구성으로 작성해도 무방합니다. 학생들 중 한 문항 안에 있는 여러 소재가 반드시 모두 연결되어 궁극적으로 하나의 글로 만들어져야 한다는 생각에, 내용으로는 전혀 연결고리가 없음에도 불구하고 '그리고, 그래서, 또' 등 문맥에 전혀 맞지 않는 연결어를 사용하여 글을 쓰는 경우가 있습니다. 자기소개서 글의 구성은 정해진 제약이 없기 때문에 주어진 글자 수 안에서 자신의 특성을 보일 수 있도록 자연스럽게 구성하여 작성할 것을 추천드립니다.

	문항별 글자 수	최소 소재 수	최대 소재 수
1번	1,500자	1개	3개
2번	800자	1개	2개
3번	800자	지원동기 1개 1개	지원동기 1개 2개
총 소재 수	3,100자	총 5개	총 8개

114

Q14 자기소개서 기재 금지 사항은 무엇인가요?

동영상 강의

한국대학교육협의회에서 제시한 자기소개서의 공통 유의사항은 다음과 같습니다.

· 학교생활기록부에 기재할 수 없는 항목[교외 수상실적, 교외 인증시험 참여 사실이나 성적, 논문 등재나 학회 발표, 도서 출간, 지식재산권(특허, 실용신안, 상표, 디자인) 출원이나 등록, 해외 활동실적 등]은 작성할 수 없고, 어학연수 등 사교육 유발 요인이 큰 교외 활동의 경우에도 평가에서 불이익을 받을 수 있으니 작성을 금지합니다.

· 지원자 성명, 출신고교, 부모(친인척 포함)의 실명을 포함한 사회적 · 경제적 지위(직종명, 직업명, 직장명, 직위명 등)를 암시하는 내용을 기재할 경우 평가에서 불이익을 받을 수 있으니 작성을 금지합니다.

이외에도 기재 시 '0점(불합격)' 처리가 되는 항목이 있으니 주의해야 합니다.

구분	해당시험 및 관련 대회
공인어학성적	영어(TOEIC, TOEFL, TEPS), 중국어(HSK), 일본어(JPT, JLPT), 프랑스어(DELF, DALF), 독일어(ZD, TESTDAF, DAH, DSD), 러시아어(TORFL), 스페인어(DELE), 상공회의소한자시험, 한자능력검정, 실용한자, 한자급수자격검정, YBM 상무한검, 한자급수인증시험, 한자자격검정
수학	한국수학올림피아드(KMO), 한국수학인증시험(KMC), 전국창의수학경시대회, 도시대항 국제수학토너먼트(TofT), 국제수학올림피아드(IMO)
과학	한국물리올림피아드(KPhO), 한국화학올림피아드(KChO), 한국생물올림피아드(KBO), 한국지구과학올림피아드(KESO), 한국천문올림피아드(KAO), 한국뇌과학올림피아드(KBSO), 한국중등과학올림피아드(KJSO), 국제물리올림피아드(IPhO), 국제화학올림피아드(IChO), 국제생물올림피아드(IBO), 국제지구과학올림피아드(IESO), 국제천문올림피아드(IAO), 국제뇌과학올림피아드(IBB), 국제중등과학올림피아드(IJSO)
외국어	전국 초중고 외국어(영어, 중국어, 일본어, 프랑스어, 독일어, 러시아어, 스페인어) 경시대회, 국제영어대회(IET), 글로벌 리더십 영어경연대회(GLEC), 국제영어논술대회(IEEC), 영어글쓰기대회, 영어말하기대회

· 위에서 열거된 항목 외에도, 대회 명칭에 수학 · 과학(물리, 화학, 생물, 지구과학, 천문) • 외국
  어(영어 등) 교과명이 명시된 학교 외 각종 대회(경시대회, 올림피아드 등) 수상실적을 작성했을
  경우 '0점'(불합격) 처리
· 대학은 제출된 자기소개서의 표절, 대리 작성, 허위사실 기재, 기타 부정한 사실 등의 검증을 위
  해 유사도 검색을 실시하고, 해당 사실이 발견될 경우 지원자는 불합격 처리되며 합격 이후라도
  입학이 취소될 수 있습니다.

대학에서 학교생활기록부와 자기소개서 등의 서류를 통해 평가하고자 하는 것은
학생이 고등학교 안에서 어떤 활동을 통해 역량을 길렀는가 하는 점입니다. 교내 활
동에 최선을 다하여 참여하는 성실성과 적극성, 그 안에서 우수성을 발휘한 학생이
라면 대학에서 선호하는 인재상이라고 말할 수 있습니다.

 합격 꿀팁

서류 블라인드 평가란 무엇인가요?

학생부종합전형 평가의 공정성을 강화하기 위해 학교생활기록부와 자기소개서 등 평가 서류 안에 기록된 학
생명이나 고교명 등 개인정보를 지운 채로 평가하는 것을 의미합니다. 학교생활기록부 항목에서는 '인적사
항, 학적사항, 수상기관명, 봉사기관명'이 지워진 채로 대학에 제공되며, 이 항목 이외에도 고등학교나 개인을
특정할 수 있는 내용을 삭제하여 평가에 미반영되도록 합니다. 예를 들어 학교생활기록부 행동특성및종합의
견란에 '은빈이는 학급에서 가장 성실한 학생입니다.'처럼 교사 평가에 학생의 이름이 특정된다거나, 자기소
개서에 '예빈아, 수학 문제 좀 가르쳐줄래?'라는 친구들의 요청을 해결하기 위해 고민했습니다.'처럼 자신의
이름을 밝혀 적는 것은 모두 기재 금지사항이므로, '이 학생은, OOO이는', 또는 '저에게' 등으로 수정하여 작성
해야 합니다.

Q14 이외에도 아래와 같은 자기소개서 유의사항이 있습니다.

· 자기소개서에 기술된 사항에 대한 사실 확인을 요청할 수 있으며, 이 과정에서 추가 서류 제출을 요구할 수 있습니다.
· 제출된 자기소개서는 표절, 대리 작성, 허위사실 기재, 기타 부정한 사실 등의 검증을 위해 한국대학교육협의회 유사도 검색시스템을 활용하여 유사도 검색을 시행하고, 해당 사실이 발견될 경우 불합격 처리되며 합격 이후라도 입학이 취소될 수 있습니다.

자기소개서를 대입에서 활용하는 대부분의 대학은 한국대학교육협의회의 자기소개서 검증 시스템을 활용하여 자기소개서 유사도 검사를 시행하고 있습니다. 유사도 검사의 대상은 같은 대학에 지원한 학생에 한해서만 진행되는 것이 아니라 대학 간 검사를 통해 다른 대학 지원자들의 자기소개서도 함께 검사합니다. 또한 올해 지원자들뿐만 아니라 최근 수년간 지원자들의 자기소개서 데이터를 함께 분석하며, 인터넷상의 문장들도 유사도 검사의 대상이 되기 때문에 다른 글이나 문장을 참고하지 않고 자신의 글로 작성할 것을 강조드립니다.

자기소개서 유사도 검사 시, 유사도 수준에 따라 유사한 자기소개서로 의심될 경우 소명서 제출과 심의위원회 검증 과정을 거치며 표절인지 아닌지를 확인합니다. 표절 결과가 확정되면 불합격 처리가 되며, 이는 최종합격을 발표한 이후에도 합격 취소의 사유가 됩니다.

Q16 자기소개서 작성 시
유의해야 할 사항은 무엇인가요?

동영상 강의

　자기소개서 유사도 검사와 관련하여 면접과 유사도 검증을 통해 대필 및 허위작성이 확인될 경우 0점 처리하던 것을 의무적 탈락·입학 취소 조치하는 것으로 강화되었습니다. 따라서 자기소개서를 작성하는 과정에서 타인의 글을 참고하거나 도용하지 않아야 하며, 자신의 글이 타인에게 노출되지 않도록 주의하는 것도 중요합니다.

　특히 같은 고등학교에서 비슷한 전공 분야를 희망하며 고등학교 1학년부터 3학년까지 의미 있는 동아리활동, 수행평가, 공동 탐구활동을 함께 수행한 친한 친구 사이라면 자기소개서의 소재가 중복될 가능성이 높습니다. 자기소개서의 소재가 같은 것은 사실상 전혀 문제될 것이 없지만 글의 작성 흐름에 특색이 없이 비슷하거나 우연히 친구의 글을 보았을 경우 글의 전체적인 내용이 매우 비슷하게 작성될 가능성이 큽니다. 따라서 서로를 위해 자기소개서 구성부터 완성까지 각자 자기소개서의 내용을 상의하지 않으며 독자적으로 작성할 것을 추천합니다.

　이외에도 학교 공용 컴퓨터에서 자기소개서를 작성하다가 전원을 끄지 않고 자리를 이동하는 경우나 자기소개서가 담겨 있는 이동식 메모리를 분실한 경우 등 의도하지 않게 자신의 자기소개서가 타인에게 공개되는 경우가 있습니다. 자주 있는 일은 아니지만 실제로 이런 경우 자신의 자기소개서가 타인에 의해 도용되어 문제가 된 사례도 있으니 대학 지원 사이트에 최종 입력할 때까지 보안에 신경써야 합니다.

　또 대학에 합격한 뒤 자신의 자기소개서를 다른 사람들에게 도움을 주고자 하는 의도로 인터넷 사이트에 전문을 공개하는 경우도 빈번합니다. 이 경우 계획에 없던 수시 반수에 도전하게 될 경우 원래는 그대로 다시 사용할 수 있던 자신의 자기소개 서를 누군가와 생길 수 있는 유사도로 인해 그대로 사용하기에 어려움을 겪을 수 있고, 또 그 자소서를 모방한 누군가로 인해 유사도 검사 대상이 되어 불리한 대입 과정을 경험할 수도 있습니다. 따라서 자기소개서는 작성 과정뿐만 아니라 최종 합격 이후에도 전문을 그대로 공개하는 것은 추천하지 않습니다.

동영상 강의

Q17 자기소개서는 언제부터 써야 하나요?

자기소개서에 들어갈 소재를 만드는 과정은 고등학교 3학년 학교생활기록부 1학기 기재가 마감되는 8월말까지 최선을 다해 노력해야 합니다. 그 소재들을 바탕으로 3학년 1학기 과정에서 마지막으로 중요한 2차 지필평가 시기를 앞뒤로 하여 자기소개서 구성과 작성이 시작되어야 합니다.

날짜		자소서 작성 단계	주요 일정
5월	중순	1단계	학교 활동 강조 기간
	하순	1단계	
6월	초순	1단계	
	중순	(자소서 작성 불가)	
	하순	(자소서 작성 불가)	기말고사 준비 및 고사 기간
7월	초순	(자소서 작성 불가)	
	중순	1단계 ~ 2단계	1학기 활동 1차 마무리 기간
	하순	2단계	1학기 성적표 배부
8월	초순	2단계 ~ 3단계	여름 방학
	중순	3단계	
	하순	3단계	학교생활기록부 1학기 기재 마감
9월	초순		수시응시 원서 접수 시작

1단계	개요	2단계	글쓰기	3단계	다듬기
소재 선정 / 흐름잡기		스토리 완성		표현 방법 / 글자 수	

1단계: 개요

자기소개서에서 활용할 수 있는 학교활동을 만드는 기간입니다. 1학년과 2학년 때의 학교 활동과 학교생활기록부 내용을 참고하면서 부족하다고 생각하는 부분과 더욱 강조하고자 하는 부분들을 추가적인 활동으로 3학년까지 최선을 다해 채워나가야 합니다. 이때 자신이 지원하고자 하는 대학과 전공 분야에서 필요한 것이 무엇인지를 탐색하며 활동해야 합니다. 수시 대입에서 반영되는 고등학교 3학년 마지막 학교 시험인 2차 지필평가 기간에는 비교과 활동과 자기소개서 작성을 함께 준비하기에는 시간이 부족합니다. 이 시기에는 지필평가 시험에서 최상의 결과를 얻을 수 있도록 시험에 집중해야 합니다.

2단계: 글쓰기

2차 지필평가가 끝남과 동시에 자기소개서 스토리를 구성해야 합니다. 이때 주의할 점은 자기소개서 스토리를 구성하면서 3학년 학교생활기록부에 들어갈 활동을 추가로 병행하여 활동해야 한다는 점입니다. 자기소개서 스토리를 구성하면서 부족하다고 느끼는 부분을 3학년 활동으로 보완해 나가면서 자기소개서의 흐름을 완성해야 하기 때문에 선택과 집중이 필요한 시기입니다. 스토리 구성해 나가며 '소재 선택 – 개요 작성 – 글쓰기'의 순서로 이어 나갑니다.

3단계: 다듬기

여름 방학이 시작되면 본격적으로 자기소개서를 완성하기 위한 글쓰기 및 퇴고 과정이 진행되어야 합니다. 표현하고자 하는 내용을 분명하게 드러낼 수 있는 문장으로, 글자 수와 오·탈자를 확인하며 글의 완성도를 높여나갑니다. 원서 접수 일정과 다르게 자기소개서 수정 입력 마감일이 따로 주어진 대학은 날짜와 시간에 맞춰 최대한 퇴고하며 신중하게 완성합니다.

학교생활기록부 메타 분석표 예시

구분		1학년 1학기	1학년 2학기	2학년 1학기	2학년 2학기	3학년 1학기
1	출결상황	개근	개근	개근	개근	개근
2	수상경력 학업우수성(교과)	교과우수상 (국어, 수학, 영어)	교과우수상 (수학, 영어)	수학경시대회 (우수)		수학경시대회 (최우수)
	수상경력 인성(비교과)	표창장		모범상		효행상
	수상경력 전공적합성(비교과)			멘토멘티챌린지 (우수)		멘토멘티챌린지 (최우수)
	수상경력 활동다양성(비교과)	과학의날 그리기대회(장려)	통일글짓기 (장려)	수학독후감대회 (우수)	백일장대회(우수)	
3	자격증					
4	자율활동(임원)	학급반장		학급 학습부장		학급반장
	자율활동(기타)		체험학습		명사특강	
5	정규동아리	교사동아리		교사동아리		교사동아리
	자율동아리	시사토론동아리		시사토론동아리		시사토론동아리
6	진로활동 희망분야	교육 분야		초등 교육 분야		초등 교사
	진로활동 활동사례		초등교사 인터뷰		미래 명함 만들기	
7	봉사활동	아동센터 봉사		교내 멘토링		교내 멘토링
8	세부능력및특기사항(국어)			성장소설 분석		
	세부능력및특기사항(영어)	영어수행: 초등 학생의 영어교육		인스턴트 섭취 빈도 조사		
9	독서활동(공통)			초등교사, 교실을 말하다	수연이의 독서일기	경청과 인내의 자세 만들기
	독서활동(국어)	효과적인 말하기		한국 현대 문학	청소년 말하기	
	독서활동(사회)		다문화사회의 특징		청소년을 위한 법	
10	행동특성종합의견		몸이 불편한 친구를 도와줌		소외된 친구와 함께 식사하기	

Q18 오·탈자가 있으면 무조건 불합격인가요?

동영상 강의

　그렇지 않습니다. 단순한 오·탈자 한두 글자로 인하여 문맥을 해석하는 데에 문제가 있지 않다면 그로 인해 합격과 불합격이 결정되지는 않습니다. 다만 문장의 구성이 어색하거나 문법에 맞지 않는 부분이 다수 발견되어 학생이 전달하고자 하는 내용이 명료하지 않거나 글의 완성도가 부족한 경우에는 글을 작성한 학생의 의사표현역량이 부족하다고 판단하거나 대학에 지원하는 진정성이 부족하다는 불리한 평가를 받을 가능성이 있습니다.

　따라서 오·탈자의 경우 인터넷의 맞춤법 검사 프로그램을 활용하여 최대한 글의 오류 없이 완성할 수 있도록 최선을 다해야 합니다. 또한 자기소개서 작성을 완성한 이후에는 학교 선생님들께 글 첨삭을 부탁드려 글의 완성도를 높이거나, 글을 소리 내어 천천히 읽어보는 방법을 활용하여 글을 다듬는 방법을 추천합니다. 여러 번 읽어보면서 전달하고자 하는 내용이 명료하게 드러나지 않는 느낌이 들 때에는 문장을 더욱 짧게 한 문장으로 만들어서 간결한 문장으로 만들어 확인하면서 작성하는 것이 좋습니다.

Q19 꼭 경어체(존댓말)로만 작성해야 하나요?

동영상 강의

그렇지 않습니다. 반드시 어떤 문체로만 작성해야 한다는 자기소개서 작성 원칙은 없습니다. 그러나 보통 대다수의 학생들은 평가자에게 직접 자신의 이야기를 전달하는 것처럼 공손의 의미를 담은 경어체로 작성합니다. 그러나 실제 자기소개서 평가에서 문체가 평어체인지 경어체인지에 따라 평가 점수가 달라지는 것은 아니며 각 대학에서 평가하고자 하는 평가 요소가 구체적인 사례와 함께 잘 드러나 있는지에 따라 평가되니, 소재 선별과 깔끔한 문장 구성에 더 집중하면 됩니다.

다만 기존의 자기소개서는 사실 중심의 개조식으로도 작성이 가능했던 반면 2022학년도 수시 대입부터는 학생의 경험과 생각을 확인하기 위해 서술형으로 기술하도록 서식 작성 방향이 수정되었습니다. 따라서 자기소개서의 내용이 가장 중요하되 글 형식의 측면에서도 평가자가 읽었을 때 중요 내용을 바로 파악할 수 있는 서술형 글을 완성할 수 있도록 Q.18에 해설한 퇴고 방법을 참고하며 노력하기 바랍니다.

동영상 강의

Q20 자기소개서로 내신 및 비교과 수준을 뒤집을 수 있나요?

　"부족한 교과와 비교과 수준을 완성도 높은 자기소개서로 보완할 수 있을까?" 자기소개서 작성을 하는 학생들이 가장 궁금해하는 질문 중 하나입니다. 자기소개서는 학생 스스로 자신의 고등학교 활동의 의도와 과정, 그 활동으로 인해 성장한 점을 자신이 직접 평가자에게 설명할 수 있는 기회라는 점에서 부족한 내신과 비교과 수준을 보완하는 효과가 분명 있습니다. 자기소개서가 가장 큰 영향력을 발휘하는 경우는 학교생활기록부의 준비 정도가 비슷하여 비교우위를 가늠하기 어려운 경우입니다. 학교생활기록부만으로는 변별이 어렵기 때문에 자기소개서를 통해 자신의 활동 중 평가자가 궁금해하는 사항들을 잘 파악하여 설명한 경우 더욱 긍정적인 평가를 받을 수 있습니다.

　뿐만 아니라 학교생활기록부의 기록은 학생들이 참여할 수 있는 학교의 프로그램 준비 정도는 어느 정도인가, 학교의 선생님들이 학생의 성장 과정을 얼마나 자세하게 관찰하고 꼼꼼하게 기록하려고 노력하며 학교생활기록부에 기재 가능한 학생의 교내활동 범위를 어디까지로 판단할 것인가 등에 따라 그 수준이 달라질 수 있습니다. 대학에서도 각 고등학교마다 이러한 차이점이 존재한다는 것에 대해 이해하고 있기 때문에 학교생활기록부의 내용을 학생의 관점에서 기록한 자기소개서 내용을 함께 평가에 활용합니다. 특히 서류 블라인드 평가가 시행되면서 각 고등학교가 운영하고 있는 교육과정의 특징을 대학에서는 확인할 수 없기 때문에 학생 개개인이 처한 다른 환경에서 그 환경을 어떻게 활용하고자 노력하였으며, 환경의 아쉬움이 있었다면 이를 극복하고자 도전했던 경험과 그로 인해 성장한 자신의 주관적 이야기를 자기소개서에 적극적으로 서술하여 다소 부족한 교과와 비교과 수준을 충분히 보완해야 합니다.

그럼에도 불구하고 학생부종합전형에서 가장 중심이 되는 평가 서류는 단연 학교생활기록부이기 때문에 이를 기준으로 했을 때 지원하는 대학과 모집단위에 선발되기 위한 역량이 현저하게 부족한 경우, 자기소개서만으로 그 결과를 뒤집을 수는 없습니다. 기본적으로 자기소개서에 사용되는 소재들은 학교생활기록부에 기재되어 있는, 학교생활을 바탕으로 한 활동들이기 때문에 학교생활기록부와 자기소개서가 갖는 상호보완적인 영향을 고려하여 교과 활동과 비교과 활동에 성실하고 적극적으로 참여한 생활이 전제가 되어야만 자기소개서도 매력 있게 구성될 수 있다는 것을 이해해야 합니다.

이 과정에서 완벽하고 우수하게 만들어 낸 결과만을 강조해야 매력 있는 자기소개서라는 생각에서 벗어나야 합니다. 다소 하락한 학업 성취 결과의 이유와 함께 부족한 점의 원인을 분석하고 포기하지 않는 자세로 성적을 상승시키고자 노력한 과정까지 함께 기술한다면 발전가능성의 측면에서 좋은 평가를 받을 수 있습니다. 마찬가지 맥락에서 다양한 활동에 참여하여 도전한 과정에서 경험한 어려움을 소개하고 그것을 극복하는 과정에서 느끼고 성장한 점을 충실하게 설명해야 합니다.

3년간의 학교생활을 모두 기록한 학교생활기록부의 방대한 내용 중, 어떤 활동에 주목하고 어떤 시각으로 바라봐야 하는지 가이드하는 것이 자기소개서라는 생각으로 자신이 강점으로 생각하는 부분이 있다면 평가자가 그 부분을 놓치지 않고 확인할 수 있도록 짚어주고, 학교생활기록부의 기록에서 미진한 내용을 추가적으로 설명하여 드러낼 수 있어야 합니다.

매력 있는 자기소개서를 작성하기 위해서는 학교생활기록부의 내용을 철저하게 분석하는 것부터 시작해야 하며, 평가자의 시각에서 어떤 점이 궁금할 것인지를 객관적으로 판단해 보는 과정이 반드시 필요합니다.

자기소개서가 수시 대입에서 어떤 의미로 활용되는지를 정확하게 이해하고, 자신이 직접 평가자에게 자신을 설명할 수 있는 좋은 기회라는 것을 다시 한 번 기억하면서 자기소개서 작성에 최선을 다해 주시기 바랍니다.

 합격 꿀팁

자기소개서 첨삭은 누구에게?

완성된 자기소개서는 학교 선생님께 첨삭받을 수 있습니다. 이때 국어 선생님을 가장 선호하는데, 자기소개서는 글 자체의 수준보다 어떤 내용을 담고 있느냐가 더욱 중요하기 때문에 고등학교 3학년 자기소개서 지도 경험이 많은 선생님께 부탁드리는 것이 더 좋습니다. 또 최대한 많은 사람의 의견을 듣는 것이 좋다는 생각에 여러 선생님께 첨삭받는 경우도 많은데, 자기소개서는 읽는 사람에 따라 보는 글을 보는 시각이 다르기 때문에 상반된 첨삭 결과가 나와 글의 갈피를 잡지 못하는 경우도 많습니다. 따라서 한두 분의 선생님께 첨삭받는 것을 추천합니다. 더하여 친구들끼리 첨삭을 하는 경우도 있는데, 같은 학교에서 비슷한 활동을 해온 친구들끼리 서로의 자기소개서를 읽는 경우 의도하지 않게 유사한 글이 될 수 있으니 친구들끼리는 자기소개서를 절대 첨삭하지 않도록 주의하기 바랍니다.

대입 수시 면접 Q&A

면접에 대해 궁금한 모든 것

Q1 면접, 제가 잘 볼 수 있을까요?

동영상 강의

네, 물론입니다. 면접이란 대학의 면접관과 지원자가 직접 대면하여 진행하는 평가 과정입니다. 면접의 가장 큰 목적은 학교생활기록부와 자기소개서 등 제출 서류에 기록된 내용들을 다시 한 번 확인하여 서류의 진실성과 신뢰도를 판단하는 것입니다. 나아가 서류에 기록된 내용이 정확한 판단을 내리기에 미진한 부분이 있다면 면접의 과정에서 그 사실을 좀 더 확실하게 판단할 수 있으며, 직접 대면하는 면접의 특징을 활용하여 서류만으로는 확인할 수 없는 학생의 소통 능력과 인성 분야에 대한 평가가 가능합니다.

또한 지원자의 입장에서는 서류 기록을 넘어서는 자신의 준비 정도를 면접관에게 직접 보일 수 있는 기회가 됩니다. 학교생활의 관찰자인 학교 선생님이 기록하는 학교생활기록부에는 미처 드러내지 못한 자신만의 특성을 드러낼 수 있으며, 제한된 글자 수 안에서 한정된 표현만 가능한 자기소개서의 한계를 넘어 자신을 설명할 수 있는 기회가 될 수 있기 때문에 최종합격의 관문인 면접 준비까지도 최선을 다해 준비해야 합니다. 면접 시행의 목표를 이해하고 면접의 특징을 파악하여 활용할 수 있도록 준비한다면 충분히 잘 해낼 수 있습니다.

Q2 면접의 종류에는 어떤 것이 있나요?

동영상 강의

면접의 종류는 '참여자 구성, 면접 전형 요소, 면접 반영 단계 및 비율'에 따라 구분할 수 있습니다.

**1.
참여자 구성에
따른 종류**

- 일대다 면접: 지원자 한 명에 입학사정관 다수(주로 2~3인)가 참여하여 진행하는 면접
- 다대다 면접: 지원자 다수(주로 2~3인)에 면접관 다수(주로 2~3인)가 함께 참여하여 진행하는 면접

참여자의 구성에 따라 일대다 면접, 다대다 면접으로 나눌 수 있습니다. 일대다 면접은 지원자 한 명에 입학사정관 다수(주로 2~3인)가 참여하여 진행되는 면접입니다. 학생 혼자서 면접관 다수의 질문에 응답해야 하는 부담이 있긴 하지만, 다른 학생들에게 집중이 분산되거나 비교되지 않고 자신의 역량을 최대한 보일 수 있다는 강점이 있습니다. 반면 다대다 면접은 지원자 다수(주로 2~3인)에 면접관 다수(주로 2~3인)가 함께 참여하여 진행되는 면접입니다. 여러 학생들과 함께 면접을 보기 때문에 혼자서 면접관의 답변에 모두 응답해야 하는 부담은 적지만, 다른 지원자들과 답변이 비교되거나 중복 답변을 피해야 하는 부담감, 자신의 역량을 모두 보이기에는 시간이 부족하다는 점 등이 아쉬운 면접 형식입니다.

- 심층 면접: 대학에서 자체 제시문을 출제하여 진행하는 면접, 세 개 내외의 지문을 구성하여 각 지문 간의 연관성을 분석한 후 자신의 생각을 덧붙이는 구술형 면접과 하나의 지문으로 구성하여 그 내용에 대한 자신의 생각을 덧붙여 설명하는 형식 등으로 구성
- 일반 면접: 학생이 제출한 학교생활기록부와 자기소개서의 내용을 바탕으로 서류 내용을 확인하고 인성을 평가하는 방법으로 진행하는 면접
- 인·적성 면접: 의료 분야나 교육 분야 등 모집단위의 특성에 따라 필요한 인성과 적성 확인을 위해 시행하는 면접

면접 전형 요소에 따라 여러 종류로 나눌 수 있는데 먼저 심층 면접의 경우 대학에서 자체 제시문을 출제하여 진행하는 면접으로 세 개 내외의 지문을 구성하여 각 지문간의 연관성을 분석한 후 자신의 생각을 덧붙이는 구술형 면접과 하나의 지문으로 구성하여 그 내용에 대한 자신의 생각을 덧붙여 설명하는 형식 등으로 구성됩니다. 자신의 서류 이외에 교과 지식을 기반으로 한 분석력과 시사에 대한 배경지식도 필요한 경우가 있기에 학생들이 준비에 부담을 많이 느끼는 면접이지만 그만큼 변별력이 강하여 우수한 역량을 강조할 수 있는 면접이기도 합니다.

대부분의 학교들이 시행하고 있는 유형의 면접은 학생이 제출한 학교생활기록부와 자기소개서의 내용을 바탕으로 진행하는 일반 면접입니다. 자신의 서류를 바탕으로 준비할 수 있고, 면접 질문에 대한 예측이 다른 면접에 비해 용이하기 때문에 면접을 준비하는 부담도 적은 특징을 갖습니다.

마지막으로 의료 분야나 교육 분야 등 모집단위의 특성에 따라 필요한 인성과 적성 확인을 위해 시행하는 면접이 있습니다. 주로 진로 상황을 사례로 주어 학생의 판단력이나 인성을 판단하는 형식으로 진행됩니다.

위의 세 종류의 면접들은 제시문 답변 후 서류 확인 질문으로 이어지거나 서류 확인 질문과 인·적성 면접이 함께 이루어지는 등의 형태로 시행되고 있으니 자신이 지원하고자 하는 대학의 면접 유형을 반드시 확인하여 준비하시기 바랍니다.

3.
**면접 반영
단계 및 비율에
따른 종류**

- 일괄 전형: 한 전형에 지원한 모든 지원자를 대상으로 하는 면접
- 다단계 전형: 1단계에 합격한 지원자들을 대상으로 하는 면접
- 반영 비율: P/F 평가 또는 10%부터 100%까지 다양한 비율로 반영

대입 전형 중 일괄 전형으로 선발하는 전형의 경우 지원한 모든 학생이 면접을 보게 됩니다. 따라서 서류나 내신에서 다소 부족한 부분이 있더라도 면접에서 자신의 강점을 보여줄 수 있는 기회가 있다는 특징이 있습니다. 다단계 전형의 경우 1단계에서 적게는 모집인원의 2~3배수부터 많게는 5~6배수까지 선발된 학생을 대상으로 면접을 진행합니다. 이 경우 1단계를 합격한 학생들 간의 1단계 전형 요소 점수에 큰 차이가 없기 때문에 면접의 영향력이 매우 크다는 것을 고려하여 최선을 다해 준비해 주시기 바랍니다.

면접의 반영 비율은 대학마다 또 전형마다 모두 다릅니다. 평가 반영 비율이 따로 정해지지 않고 특별한 결격 사유가 없는지만을 평가하는 P/F(Pass or Fail) 형식의 면접뿐만 아니라 10%부터 100%까지 반영하는 다양한 비율의 면접이 시행하고 있습니다. 특히 단계별 전형 중 2단계 면접 반영 비율이 100%인 경우, 1단계 합격한 지원자들은 면접 점수만으로 합격과 불합격이 결정됩니다. 따라서 1단계에서 다소 서류 점수가 부족한 경우라도 뒤집을 수 있는 가능성이 있습니다. 2단계에서 1단계 전형 점수를 일정 비율로 반영하면서 면접을 진행하는 경우 면접이 차지하는 비율에 따라 학생들의 부담 정도가 달라집니다. 그러나 1단계를 합격한 학생들의 서류 점수 편차는 크게 벌어지지 않는다는 점을 반드시 유념해야 합니다.

뿐만 아니라 1단계의 최저 합격자가 최고 합격자의 총점을 뒤집을 수 있는 가능성이 적다하더라도 합격과 불합격의 경계에 있는 학생이라면, 면접으로 이를 뒤집을 수 있다는 생각으로 준비하셔야 합니다. 어느 학생도 자신의 1단계 합격의 등수를 알 수 없기 때문에 부족한 서류 점수를 보완할 수 있는 마지막 기회이며 최종 합격과 불합격을 가르는 가장 중요한 과정이 면접의 특성이라는 것에 집중하여 면접의 반영 비율이 낮다고 가볍게 준비하지 말고 철저하게 대비하시기 바랍니다.

블라인드 면접이란 고교 교육 기여 대학 지원사업의 일환으로 면접 진행 시 학생의 인적사항과 부모의 인적사항 및 직업, 지역명과 고등학교명 등 학생이 대학 입시를 위해 준비하며 노력한 부분 이외의 외부적인 요소가 영향을 줄 수 있는 가능성을 차단하기 위해 실시하는 면접의 유형입니다.

블라인드 면접에서는 서류 블라인드 평가에서 미반영 처리되는 '인적사항, 학적사항, 수상기관, 봉사활동기관'이 블라인드되며, 이외에도 학교 활동 기록 중 학교명이 드러나거나 특정 학교를 떠올릴 수 있는 단어들은 블라인드 처리하여 평가에 반영되지 않도록 합니다. 같은 맥락으로 면접 시 학교를 드러낼 수 있는 교복 착용도 금지됩니다. 또 원서접수 시에 부여받은 접수번호가 아닌 면접장에서 새로 부여하는 가번호로 사용하며, 면접장에 입실하여 답변을 할 때에도 자신의 이름 대신 가번호를 지칭하여 면접을 진행해야 합니다. 면접 중 실수로 자신의 이름이나 학교 이름 등 금지어를 말하게 되었을 경우, 대학마다 주어진 경고 횟수를 초과하면 퇴실 또는 0점 처리 등의 불이익을 받을 수 있으니 주의해야 합니다.

블라인드 면접이라 할지라도 블라인드되는 정보를 제외한 후, 학교생활기록부와 자기소개서의 내용을 바탕으로 학생의 역량을 평가하기 위한 질문으로 진행되기 때문에 교내 활동을 통해 자신이 경험한 것과 그로 인해 성장한 결과를 중심으로 충실하게 답변을 준비해 나가시면 됩니다.

블라인드 면접은 학생의 지역과 고등학교를 드러내지 않고 진행하기 때문에 지역과 고등학교 특성으로 인해 영향을 주는 후광효과를 배제할 수 있다는 장점이 있는 반면 어려운 환경 속에서 그것을 극복한 학생의 역량을 강조하고자 하는 학생의 경우에는 그러한 내용들을 충분히 설명할 수 없는 아쉬움이 있을 수 있습니다. 따라서 교내 활동 자체를 통해 학생이 역경을 극복하고 새로운 활동에 도전한 경험들을 충분히 기록하여 이러한 불리함을 줄여나갈 수 있도록 준비해 주시기 바랍니다.

합격 꿀팁

블라인드 면접에서 자기소개는 어떤 방법으로 해야 하나요?

면접에서 자기소개가 필수 질문은 아닙니다. 블라인드 면접이 늘어나면서 자기소개 질문을 활용하지 않는 대학도 늘고 있는 추세입니다. 그럼에도 불구하고 자기소개를 질문하는 면접에서는 이름, 학교명 등 개인적인 정보를 드러내지 않고도 자신의 역량과 강점을 잘 표현할 수 있는 답변으로 구성한다면 충분히 훌륭한 자기소개가 될 수 있습니다. 면접실에 입실하기 전 부여받은 가번호로 자신을 지칭하거나 '수험생' 등으로 표현하면 이름을 말하지 않고도 소개가 가능하며, 고등학교 기간에 관심을 두고 진행한 주요 활동과 함께 자신의 장점을 드러내거나 관심 분야에 대한 준비 정도와 포부를 함께 드러내어 성실하고 우수한 이미지를 보일 수 있는 자기소개를 구성하시기 바랍니다.

면접을 통해 학생의 기초학업역량뿐만 아니라 사고력과 판단력, 논리력 등을 확인하고자 합니다. 이때 학업역량을 평가하는 방법은 면접의 종류에 따라 다릅니다.

우선 학생이 제출한 서류인 학교생활기록부와 자기소개서를 바탕으로 진행하는 일반 면접에서는 서류에 기록된 내용 중 학업과 연관된 내용의 신뢰도를 확인하는 방법으로 학업역량을 평가합니다. 주로 수상경력, 교과학습발달상황, 세부능력및특기사항, 독서활동 등의 항목에서 보인 학업역량이 평가의 대상이 됩니다. 이때 학생이 활동하는 과정에서 학교 수업에서 배운 '어떤 교과 지식을, 어떤 부분에서 활용하였는가'하는 방식의 질문이나 토론 및 독서에서 어느 정도의 사고력을 보였는지 등을 확인하는 질문으로 구성됩니다. 따라서 자신의 서류에서 학업역량을 보일 수 있는 기록들을 바탕으로 면접장에서 충실하게 설명할 수 있도록 준비해야 합니다.

다음으로 고등학교 교과 영역 안에서 배운 이론들을 바탕으로 하여 학생의 사고력을 판단하기 위해 제시문을 읽고 자신의 생각을 답변하는 심층 면접이 있습니다. 이 경우 교과 지식을 직접 묻는 문항으로 출제되지 않지만, 고등학교 교과 과정을 충실하게 이수하였다면 그것을 바탕으로 제시문을 분석하고 그에 대한 자신의 생각을 구성할 수 있습니다. 다만 제한된 시간 안에 주어진 제시문을 분석하고 그 내용을 바탕으로 답변해야 한다는 점에서 학생들이 어렵게 느끼는 면접 형태입니다. 지원 대학의 입학처 홈페이지에서 '선행학습 영향평가 보고서'를 참고하여 기출문제의 유형을 파악하고 각 문제가 어떤 교과를 바탕으로 출제되는지를 확인한 후 각 교과의 교과서를 빠르게 훑어보며 주요 내용을 정하는 것도 좋은 방법이 됩니다.

면접을 통해 확인하고자 하는 학업역량은 교내 활동의 기반이 되는 교과 지식을 확인하는 것과 이를 바탕으로 한 사고력과 판단력, 논리력이기 때문에 이를 단기간에 완벽하게 준비하는 것은 매우 어렵습니다. 따라서 학생부종합전형을 준비하는 저학년 학생이라면 독서를 포함한 다양한 교내 활동 속에서 비판적으로 생각하고 문제를 해결하기 위한 대안을 찾는 사고과정을 적극적으로 연습하며 학교 활동을 꼼꼼하게 기록하는 습관을 지닐 것을 추천합니다.

 합격 꿀팁

학업역량 관련 질문 예시

1. 사회주제탐구대회에 참여하여 수상한 기록이 있습니다. 어떤 주제와 근거를 가지고 참여했나요? 대회를 준비하면서 어려웠던 점은 무엇이었나요?

2. 물리 수업 중 "비행기 날개에 작용하는 양력과 축구공에 작용하는 마그누스 힘을 설명하고, 종이컵, 음료수 등을 이용하여 베르누이 법칙을 설명할 수 있는 실험을 수행하여 보고서를 제출함"이라고 기록되어 있는데, 실험의 내용을 간략하게 소개할 수 있나요? 베르누이 법칙이 활용된 다른 사례를 말해 보세요.

3. '경청과 공감을 통한 대인관계' 시간에 "아들러의 철학을 바탕으로 한 '행복'의 개념에 대해 재정립하고, 인생과 삶의 행복에 대해 새로운 접근으로 현재의 가치에 주목했다"는 기록이 자율활동에 기재되어 있는데, 이때 참고한 아들러의 철학을 간단하게 설명하고, 자신이 생각하는 '행복'의 개념을 말해 주세요.

면접의 내적평가요소 중 전공적합성은 크게 '전공이해, 전공경험, 전공지식' 분야에서 평가할 수 있습니다. 우선 자신이 지원한 모집단위에 진학할 경우 무엇을 배워나가는지, 이 전공 분야에서 진출할 수 있는 진로는 무엇이며 대학에서 배운 내용을 어떻게 활용할 수 있는지 등 전공을 제대로 이해하고 있는가를 확인하는 질문이 출제됩니다.

　　간혹 입시결과 수준이나 경쟁률 등을 분석하여 모집단위를 제대로 이해하지 못한 채로 지원하는 지원자들이 있습니다. 이 경우 학생부종합전형에서 가장 중요한 지원동기의 설득력을 갖추지 못했다고 판단되어 불리하게 평가될 수 있으니 학과 홈페이지의 정보 및 다양한 학과 소개 자료들을 활용하여 모집단위에 대한 이해를 제대로 준비하여 면접에 임해야 합니다.

　　전공 분야에 대해 제대로 이해했다면 그 분야를 탐색하기 위한 다양한 전공 관련 경험을 수행했는가를 질문합니다. 전공 관련 경험의 여부에서부터 전공 관련 경험을 선택하고 실행한 계기, 또 그 과정에서의 어려움 등을 어떻게 해결하고자 노력하였는지 질문하여 학교생활기록부에 적힌 내용의 사실 여부를 확인하고 활동을 얼마나 깊이 있게 수행했는지 판단합니다.

　　마지막으로 전공 관련 경험에서 성장한 결과를 통해 전공에 대한 지식이 얼마나 성장하였는가를 판단합니다. 이때 전공에 대한 지식은 관련 교과 지식뿐만 아니라 전공 분야의 배경지식을 포함하는 범위입니다. 교과 지식의 경우 전공에 밀접한 과목들을 중심으로 교과 세부능력및특기사항에 기록된 내용의 사실 여부와 함께 기록에서는 다 드러나지 않는 자신의 기초학업역량을 확인하기도 하고, 다양한 비교과 활동을 수행할 때 기초가 되는 이론들을 제대로 이해한 상태에서 진행하였는지 그 과정을 질문하여 판단할 수 있습니다.

따라서 학생들은 면접을 준비하며 모집단위에 대한 정보와 전공 분야에 대한 배경지식을 함께 정리하고, 교내활동 중 이와 관련하여 경험을 쌓은 활동들을 충실하게 설명할 수 있도록 준비해 주시기 바랍니다.

 합격 꿀팁

전공적합성 관련 질문 예시

1. 3년간 심리학 동아리에서 활동하며 가장 의미 있었던 활동은 무엇인가요? 2학년 활동 중 전교생을 대상으로 학습심리 실험을 진행했다고 되어 있는데 본인이 맡았던 역할은 무엇이며, 어려운 점은 무엇이었나요? 어려움을 해결하기 위해 노력한 점은 무엇이었나요?

2. 1학년 초등교사, 2학년 초등교사, 3학년 교육학연구원으로 진로가 변경되었는데, 어떤 계기를 통해 진로를 변경하게 되었는지 소개하고, 교육학연구원이 되기 위해 가장 중요한 자질은 무엇이라고 생각하며, 고등학교 생활 중 이러한 자질을 기르기 위해 노력한 경험을 말해 주세요.

3. 진로활동 중 방송연출가 인터뷰를 진행했다는 기록이 있습니다. 인터뷰 진행을 위해 준비한 질문은 무엇이었으며, 이 인터뷰를 통해 해결할 궁금증은 무엇이었나요? 이 인터뷰 활동이 이후의 자신의 생활에 영향을 준 사례가 있다면 소개해 주세요.

Q6 면접에서 평가하고자 하는 요소는 무엇인가요? (내적평가요소: 인성)

동영상 강의

　면접의 내적평가요소 중 인성 분야에서 가장 중점적으로 파악하고자 하는 바는 '의사소통능력'입니다. 면접관의 질문에서 핵심을 파악하고 자신이 말하고자 하는 바를 명확하게 전달할 수 있는 능력이 있는지를 판단하여, 대학 진학 후 여러 사람과의 협력 과정에서 원활한 의사소통을 해 나갈 수 있는 기본을 갖추고 있는지를 확인합니다. 따라서 면접 과정에서 학생들은 면접관의 질문에서 핵심이 무엇인지를 주의 깊게 듣고 핵심적인 내용을 답변으로 구성할 수 있도록 연습하여야 합니다.

　이외에도 제출한 서류를 바탕으로 학생의 고등학교 생활 중에 보였던 협업능력과 나눔과 배려의 자세, 도덕성과 성실성 등을 확인합니다. 이때 주로 질문의 대상이 되는 활동 항목은 수상경력 중 다른 친구들과 함께 참여했던 대회, 자율활동, 봉사활동, 진로활동, 수행평가 중 다른 친구들과 함께했던 활동 등 교내에서 여러 사람과 함께 협업했던 활동뿐만 아니라 출결 기록과 행동특성및종합의견의 인성 관련 기록 등이 모두 학생의 성실성을 확인하는 질문의 대상이 됩니다. 그중에서도 자신이 맡은 부분과 기여한 내용을 구체적으로 설명할 수 있도록 준비해 두시기 바랍니다.

　아울러 나눔과 배려의 자세를 평가하기 위해 봉사활동의 경험을 질문하기도 합니다. 이때 봉사활동에서 구체적으로 어떤 활동을 했는지 자세하게 설명할 수 있도록 준비해 두는 것도 중요하지만, 자신이 봉사활동에 대해 가지고 있는 가치관이나 그 활동에 최선을 다해 노력한 이유, 더하여 그 활동을 통해 자신이 성장한 점은 무엇인지 등을 함께 답변할 수 있도록 준비해 주시기 바랍니다.

내적평가 요소 중 특히 인성과 관련한 답변을 열심히 준비해야 하는 경우가 있습니다. 의료 분야, 교육 분야 등 진로의 특성상 인성과 적성의 요인이 더욱 중요한 경우 의료 상황 혹은 교육 상황을 설정하여 인성과 적성을 더욱 깊게 판단하는 면접이 이루어집니다. 이외에도 학교생활기록부 기록에서 학생의 인성 부분 중 아쉬운 내용이 기록되어 있는 경우, 학생을 통해 그 내용에 대한 설명을 듣고 부족한 부분들을 어떻게 보완하고자 노력하였으며 현재는 얼마나 변화되었는지를 질문할 수 있으니 자신의 서류 내용을 꼼꼼하게 살펴보면서 면접 준비를 해 나가시기 바랍니다.

 인성 관련 질문 예시

1. 2학년 학급반장으로서 활동한 기록이 있는데, 학급반장을 하면서 가장 중점을 두어서 노력한 점은 무엇인가요? 그것을 해 나갈 때 가장 어려운 점은 무엇이었고, 어떻게 극복하고자 했나요?

2. 행동특성및종합의견 기록에 '학급에서 소외되는 친구가 없도록 늘 먼저 다가가 대화하고 챙기는 모습을 보임'이라는 내용이 있는데, 구체적인 사례를 소개할 수 있나요? 여러 친구들을 배려하는 자세가 자신에게는 어떤 영향을 끼쳤다고 생각하나요?

3. 3년간 교내 멘토링 봉사활동을 꾸준하게 진행했습니다. 이 봉사활동을 시작하게 된 계기가 있다면 소개하고, 구체적으로 어떤 역할을 맡아 진행했는지 말해 주세요. 자신에게 이 봉사가 어떤 영향을 주었다고 생각하는지 말해 주세요.

동영상 강의

Q7 면접에서 평가하고자 하는 요소는 무엇인가요? (내적평가요소: 서류신뢰도)

면접을 통해 확인하는 가장 중요한 것 중 하나는 1단계 평가에서 사용된 서류 내용의 진실성입니다. 특히 학교생활기록부의 경우 공적인 서류를 작성할 수 있는 교사가 직접 기록하는 문서이기 때문에 학교생활기록부에 적힌 내용에 대해 대학은 사실일 것이라는 생각으로 학생을 평가하고 이후 면접을 통해 그 진실 여부를 확인합니다. 따라서 면접 준비에 들어가기 전 반드시 챙겨야 하는 것이 학교생활기록부 내용 중 잘못된 것이 있는지를 확인하는 작업입니다. 간혹 교내 이름이 같은 두 학생의 활동 내용이 바뀌어 기록되거나, 중요한 활동이 누락되거나, 다른 친구의 활동 내용과 섞여 잘못 설명된 기록들이 생길 수 있습니다. 학교생활기록부 기재가 마감되기 전 잘못된 내용을 바로잡아야 하며, 1학년과 2학년 시기 미처 확인하지 못했던 오류가 발견되었을 경우 수정할 수 있는 범위에는 한계가 있지만 증빙할 수 있는 객관적인 서류가 있다면 제출하여 최대한 수정해야 합니다.

서류 준비가 모두 완료되었다면 이제부터 준비할 것은 자신의 학교생활기록부와 자기소개서에 작성한 내용을 정확하고 꼼꼼하게 숙지하는 것입니다. 간혹 자신의 서류에 기록된 내용을 정확하게 파악하지 못한 채로 면접에 임하는 학생들도 있습니다. 자신의 서류에 그런 활동이 기록되어 있는지 모르거나 기록된 것은 알지만 어떤 활동인지 설명하지 못한다면 서류 안에 담긴 전체 내용의 신뢰성에 문제가 생길 수 있습니다. 간혹 학교생활기록부 내용의 경우 학교 선생님께서 기록을 해주시기 때문에 학생이 생각한 것과는 다른 방향으로 기재되거나 단순 오·탈자가 있을 수 있으나 자신이 생각한 활동의 방향과 오·탈자를 바로잡아 설명한다면 크게 문제가 없습니다.

면접의 질문은 학생들이 그 활동을 직접 했는지 안 했는지를 묻는 일차적인 질문으로 진행되기보다 직접 그 활동을 수행하지 않았다면 알 수 없는 과정상의 내용을 묻는 방식으로 진행됩니다. 학교생활기록부에 적히는 활동들은 많은 활동 중 학생에게 의미 있게 진행된 것을 위주로 기록되기 때문에 옛날 일이라고 잘 기억나지 않는다고 생각하지 말고 최대한 기억을 더듬어 기억해 보며, 자신의 서류 기록 내용을 숙지하는 것을 넘어 그 활동의 계기, 과정 중 어려웠던 점, 그것을 극복하기 위해 어떤 시도를 하였고 어떤 결과가 나왔는지 등 실제로 그 활동을 수행하지 않았다면 답변할 수 없는 내용까지 미리 정리해 두는 것이 좋습니다.

 합격 꿀팁

서류신뢰도 관련 질문 예시

1. 독서활동 기록을 보니 2학년에 '청소년이 알아야 할 경제상식'이라는 책이 기록되어 있습니다. 이 책을 읽게 된 계기를 소개하고, 책에서 가장 기억에 남는 부분을 설명할 수 있나요?

2. 자율활동 기록을 보니 매주 전교생을 위한 실험 부스를 운영했다고 되어 있습니다. 학교 일정이 바빴을텐데 매주 실험을 진행하고자 계획한 목적은 무엇이었나요? 이를 수행해 나가는 과정에서 가장 어려운 것은 무엇이었나요? 학생들의 참여도는 어땠나요?

3. 동물보호소 봉사활동을 하면서 학교 친구들에게 그 활동을 소개하여 함께 봉사활동을 해 나갔다는 기록이 있는데, 친구들에게 어떤 내용을 소개하여 설득했나요? 봉사에서 어떤 활동을 했고, 봉사를 함께 다녀온 뒤 친구들의 반응은 어땠나요?

비대면 면접은 대면 면접이 불가능한 상황에서 온라인 플랫폼을 통해 진행하는 면접을 의미합니다. 2020년에 진행된 비대면 면접은 세 가지 대표적인 유형으로 나누어 볼 수 있습니다.

1. 학생이 대학에 출석한 뒤, 면접관과 서로 다른 면접장에서 화면을 통해 실시간 화상 면접을 진행하는 유형
2. 학생이 대학에 출석하지 않고, 해당 면접 시간에 온라인 화상 회의 프로그램에 접속하여 실시간으로 면접을 진행하는 유형
3. 정해진 파일 형식과 용량에 맞춰 학생이 미리 촬영한 영상을 제출 기간 안에 업로드하는 유형

세부적인 진행 방식에서 차이점이 있지만 면접관을 직접 대면하지 않고 화면을 통해 질의응답이 진행되기에 더욱 높은 집중력이 요구됩니다. 또 대면 면접에서 두드러지게 보일 수 있는 표정이나 눈맞춤 등의 비언어적 표현이 최소화되기 때문에 질문에 대한 답변의 내용과 수준이 상대적으로 더욱 중요합니다. 2022학년도 대입 면접에서 부득이하게 비대면 면접을 실시해야 하는 상황이 아니더라도 효율적인 면접 운영을 위해 비대면 면접을 실시하는 대학이 있으리라 예상됩니다. 이를 위해 평소 면접 준비 과정에서 촬영기기를 이용하여 자신의 답변 자세를 모니터링하고, 답변 중 카메라의 렌즈를 또렷하게 바라보며 정확한 발음으로 답변하는 연습을 할 것을 추천합니다.

일반적으로 대학 면접실에 입실하기 전 면접 시작을 도와주는 도우미가 있습니다. 따라서 그분들의 안내에 따라 면접장까지 입실하게 되는데 이때 도우미가 직접 노크를 하고 문까지 열어주는 경우, 그대로 입실하여 면접을 시작하시면 됩니다. 도우미가 노크를 해주지 않는 경우, 도우미의 입실 안내 후 문을 두세 번 두드려 노크하고 '들어오십시오'하는 안내에 따라 입실하시면 됩니다.

일반적인 입실 과정은 〈노크 후 – '네' 또는 '들어오세요' 답변 – 입실 – 의자 옆까지 걸어가서 멈춘 후 인사 '안녕하십니까?' – '앉으세요' 답변 – 착석 – '자기소개 부탁'(생략 가능) 시 다시 한 번 '안녕하십니까?'로 시작〉으로 진행되지만, 이 사이의 과정은 면접 상황에 따라 조금씩 달라질 수 있습니다.

인사를 언제, 또 몇 번 해야 하는지에 대한 고민을 많이 합니다. 의자에 앉기 전에 해야 하는지, 앉고 나서 해야 하는지, 서서 했는데 앉아서 한 번 더 해야 하는지, '안녕하십니까'로 할지 '안녕하세요'로 해도 되는지 등 고민이 많을 겁니다. 그러나 여러분이 인사를 어떤 위치에서 몇 번을 했느냐로 합불이 결정되는 것이 아니라는 점을 꼭 알아두셔야 합니다. 면접관에 대한 예의를 보이고, 대학 합격에 대한 자신의 의지를 보일 수 있는 겸손하고 씩씩한 인사라면 충분합니다.

면접 복장은 자신의 첫인상을 드러내는 중요한 요소라는 점을 고려하여 선택할 것을 추천합니다. 면접 복장은 기본적으로 면접의 질의응답 내용에 집중하는 것을 방해하는 정도가 아니어야 합니다. 상의 복장의 경우 노출이 심한 옷, 비침이 심한 옷, 형광이나 진한 원색의 색상으로 눈의 피로를 높이는 색상의 옷, 지원자보다 더 눈길을 끄는 프린팅이 담긴 옷 등은 면접 과정에서 지원자에게 돌아갈 집중을 분산시키는 효과가 있으므로 피해 주십시오. 또 옷의 재질은 계절에 따라 두께를 확인하며 입어야 합니다. 빠르게는 9월부터 늦게는 12월까지 이어지는 면접 일정의 특성상 9월에서 10월의 면접자들은 너무 두껍지 않은 소재로 면접에서 편안하게 질문에 집중할 수 있는 상의를 입어야 합니다. 11월에서 12월의 면접자들은 두꺼운 겉외투는 면접장 밖에서 벗고 입실할 수 있으나 그럼에도 강의실의 온도를 학교 교실의 온도 정도로 가늠하여 너무 얇지 않은 상의를 입어야 합니다. 날씨가 추운 계절의 면접장에서 옷이 얇을 경우 긴장감이 더욱 고조될 수 있으니 체온을 잘 유지할 수 있는 복장을 해주시기 바라며, 가디건 등으로 온도를 조절할 수 있도록 준비하는 것도 좋습니다. 이러한 점들을 고려하여 무채색이나 파스텔톤의 단색으로 이루어진, 혹은 심플한 무늬의 남방, 셔츠, 스웨터, 재킷 등의 옷으로 상의를 준비하시기를 추천합니다.

하의 복장의 경우 발목 길이의 검정 슬랙스, 단색의 긴 면바지 등을 가장 많은 면접 복장으로 선택합니다. 집중을 방해하는 화려한 색의 하의나 무릎 위로 올라가는 짧은 길이의 하의, 노출이 있는 빈티지 청바지 등은 추천하지 않습니다. 하의 재질은 상의와 마찬가지로 면접 일정에 맞춰 너무 얇거나 두껍지 않은 소재로 선택하시는 것이 좋습니다. 또 바지 길이에 따라 의자에 앉았을 때 양말이 보이는 경우에는 양말의 색상도 단정한 무채색의 양말로 신는 것을 추천합니다.

면접 복장을 고려할 때 가장 중점을 두어야 하는 부분은 '복장보다 나의 답변이 더 돋보일 수 있는 단정함'입니다. 이 범위를 지나치게 벗어나 면접관의 집중력을 분산시키는 복장이 아니라면 어떤 색상이든 어떤 재질이든 중요하지 않습니다. 너무 불편한 의상으로 스스로 면접장에 앉아 있는 것이 불편한 옷보다는 자신에게도 편안하고 면접관들이 보기에도 편안한 복장이면 충분합니다. 이 점을 참고하여 복장을 선택하시기 바랍니다.

 합격 꿀팁

교복 입으면 안 되나요?

면접에 어떤 복장으로 응시해야 하는지는 학생들의 큰 고민 중 하나입니다. 이때 많은 학생들이 복장 선택의 고민을 덜고 단정한 학생의 대표적인 이미지를 보여줄 수 있는 교복 착용을 선호합니다. 그러나 블라인드 면접이 도입되면서 학생이 재학하고 있는 학교의 특성으로 인해 평가에 영향을 주는 것을 방지하고자 교복 착용을 금지하고 있습니다. 때로는 부득이하게 학교를 암시하는 복장을 입은 경우, 대학측에서 대학생 졸업 가운이나 티셔츠 등 이를 가릴 수 있는 면접 복장을 제공하여 면접을 보게 하는 경우도 있으나, 이 경우 면접관들에게는 면접 주의사항을 정확하게 숙지하지 못한 부주의로 평가될 수 있으니 반드시 면접 전에 꼼꼼하게 살펴야 합니다.

Q11 면접용 헤어스타일은 어때야 하나요?

동영상 강의

　면접을 위한 헤어스타일에도 정답은 없습니다. 가장 중요한 것은 면접 내용에 집중할 수 있는 헤어스타일인가 하는 점입니다. 우선 긴 머리 학생의 경우 인사를 하거나 답변하는 도중에 머리가 흘러내려 방해가 될 수 있으니 하나로 묶거나 반묶음머리로 할 것을 추천합니다. 헤어스타일이나 이미지에 따라 머리를 묶는 것을 꺼리는 학생의 경우에는 면접 중 머리카락을 넘기거나 만지는 습관이 있는지 반드시 살펴봐야 합니다. 자신도 모르는 사이에 잔머리를 만지거나 귀 뒤로 머리를 넘기거나 머리 끝을 정돈하는 습관으로 산만해 보이는 이미지로 평가될 수 있기 때문입니다. 머리를 묶을 수 없는 단발 학생의 경우에도 마찬가지입니다. 흘러내리는 머리를 정돈하느라 손이 간다면 헤어핀 등으로 양쪽 머리를 고정하는 것도 좋은 방법이 됩니다.

　앞머리를 내려 이마가 가려진 헤어스타일을 한 학생이라면 앞머리의 길이가 눈동자를 덮어 가리는 길이는 피해야 합니다. 면접 중 면접관과 눈맞춤이 매우 중요하기 때문에 눈썹보다 더 길게 내려오지 않도록 길이를 다듬어 주십시오. 긴 머리와 마찬가지로 앞머리도 긴장하거나 어색한 순간에 자신도 모르게 계속해서 쓸어 넘기는 습관을 가진 학생이 많습니다. 반드시 휴대폰 등을 이용하여 자신의 말하기 습관을 확인해야 하며 앞머리가 면접에 방해가 되지 않도록 정리하기 바랍니다.

　이외에 대부분의 남학생들의 헤어스타일인 짧은 커트머리의 경우 면접 일정에 맞추어 깔끔하게 다듬는 정도면 충분합니다. 염색이나 과도하게 큰 헤어핀 착용 등도 면접에 어울리는 헤어스타일이라고 보기 어렵기 때문에 추천하지 않습니다.

Q12 면접 때 메이크업 괜찮을까요?

동영상 강의

합격과 불합격을 결정짓는 면접관에게 학생이 보여주는 이미지는 매우 중요합니다. 이것을 고려하여 면접이라는 행위와 장소에 어울리는 외적 요소를 갖춰야 합니다. 화장을 하는 학생이 늘어나면서 화장이 보편화되었지만 면접관의 개인적인 가치관에 따라 화장을 한 학생을 바라보는 시각에는 차이가 있을 수 있습니다. 내가 만난 면접관이 화장에 대해 자유로운 가치관을 가진 사람이기를 바라는 것보다는 나의 모습을 왜곡하지 않는 자연스러운 이미지로 면접에 응시할 것을 추천합니다.

피부톤을 보정하거나 입술에 자연스러운 혈색을 보이는 정도의 옅은 화장을 하는 것은 좋으나, 성인 느낌이 나는 정도의 과도한 화장은 학생의 이미지를 부정적으로 왜곡할 수 있으니 주의하기 바랍니다. 또 자신이 생각하는 '옅은 화장'의 정도가 다른 사람의 시각에서도 그러한지를 객관적으로 살필 수 있어야 합니다. 학교 선생님이나 학원 선생님, 부모님이나 주변 어른들과 같이 다양한 시각을 참고할 수 있는 사람들에게 문의하여 조언을 받을 것을 추천합니다.

🔔 합격 꿀팁

졸업 증명사진 촬영을 할 때에는 화장해도 되나요?

학교생활기록부의 사진이나 원서의 사진은 면접장에서 본인을 확인하는 목적으로도 활용됩니다. 간혹 원서 접수를 위한 증명사진 촬영 시 과한 화장과 사진 편집으로 평소의 자신의 이미지와 차이가 많이 나는 경우가 있습니다. 그 순간에는 평소보다 '예뻐'보이는 이미지에 만족할 수 있을지 몰라도 사진 속 얼굴과 실물과의 괴리감을 좁히기 위해 면접장에도 과한 화장을 하고 가게 되는 경우가 있습니다. 따라서 증명사진 촬영 시에도 면접 시의 이미지를 고려하여 자연스러운 모습을 담는 것이 좋습니다.

면접장에 입실한 후 많은 학생이 당황하는 것 중 하나는 면접관과의 거리가 생각한 것보다 더 가깝다는 것입니다. 예상했던 것보다 더 가까운 위치에서 눈맞춤을 하며 답변을 해 나가는 것이 연습을 충실하게 한 학생들에게도 쉬운 일은 아닙니다. 때로는 속을 꿰뚫어보는 것 같은 면접관의 날카로운 눈빛을 정면으로 마주할 때 더욱 긴장되면서 준비했던 내용이 하나도 생각나지 않을 수도 있습니다. 이러한 긴장감을 조금이라도 줄이기 위해서는 눈을 정면으로 마주치기보다 면접관의 코끝이나 인중 사이를 바라보는 방법을 활용할 수 있습니다. 거리상 눈을 마주하며 답변하는 것으로 보일 수 있는 자연스러운 위치이며, 눈동자를 정면으로 마주 보는 것보다 긴장감을 줄일 수 있는 좋은 방법이 됩니다.

면접관 수는 한 명에서 세 명까지 대학마다 다릅니다. 여러 명의 면접관이 함께 있는 경우 답변을 하면서 질문을 한 면접관만을 바라보며 답변하기보다는 여러 면접관을 두루 살피며 눈맞춤을 하는 것이 좋습니다. 면접관들은 학생의 답변을 듣는 도중, 중요한 내용을 서류에 메모, 평가 체크를 하거나 자료를 검색하는 등의 활동을 합니다. 자연스럽게 그때에는 면접관의 시선이 아래로 향하고, 다시 학생의 답변을 듣기 위해 고개를 들게 되면 학생의 시야에도 그러한 면접관의 움직임이 들어오게 됩니다. 그때 나의 답변을 경청하고자 하는 면접관 쪽으로 눈을 돌려 자연스럽게 눈맞춤을 하며 답변하는 것이 좋습니다. 또 여러 면접관 중 다소 공격적이라고 느껴질 만큼 냉철한 질문을 하는 면접관만을 바라보며 답변하는 것보다 긴장을 풀어주기 위해 부

드러운 질문으로 끌고 가는 면접관을 주로 바라보며 답변하는 것도 긴장을 줄일 수 있는 방법 중 하나입니다.

매우 긴장된 면접 상황 속에서도 자신감 있게 미소 띤 표정은 면접관에게 긍정적인 인상을 심어줄 수 있습니다. 평소 답변을 할 때 거울이나 휴대기기 촬영을 활용하여 자신의 표정을 살펴보아야 합니다. 과한 억지웃음은 얼굴 긴장으로 인한 근육 경련을 유발할 수도 있으니 자연스러운 표정을 찾을 수 있도록 최대한 노력해 주시기 바라며, 의지만으로는 교정하기 어려운 얼굴 근육의 문제 등으로 표정이 마음대로 제어되지 않는 학생의 경우에는 면접을 시작하기 전 특별한 상황을 미리 간단하게 말씀드리고 양해를 구한 후 면접을 시작하는 것이 좋습니다.

 합격 꿀팁

여러 명이 함께 면접을 보는 다대다 면접 눈맞춤 방법

1. 혼자 면접볼 때보다 면접관과의 눈맞춤이 적을 수 있습니다. 그러나 면접장 입실부터 퇴실까지의 모든 시간이 평가의 대상이 된다는 생각으로, 면접관이 답변을 하고 있는 다른 지원자를 바라보고 있을 때에도 나의 표정과 자세를 유지할 수 있도록 노력해 주세요.

2. 공통 질문에 모든 면접자가 순서대로 답변해야 하는 경우, 앞선 답변에서 자신이 생각하고 있던 답변이 먼저 나와 당황할 수 있습니다. 이러한 상황을 대비하기 위해 하나의 질문에도 다양한 시각에서 답변을 미리 준비하는 것이 좋으며, 미처 준비하지 못한 질문이었을 경우 앞의 답변에 추가적인 내용을 첨가하여 답변할 수 있도록 노력해 주세요.

면접장에 따라 의자만 놓여 있는 학교도 있고 책상이 함께 놓여 있는 학교도 있습니다. 따라서 학생이 신은 신발의 앞코가 꽤 두드러지게 보이는 때도 있고 그렇지 않은 때도 있습니다. 면접장에 신고 들어갈 신발의 종류로 운동화가 좋을지 또는 구두가 좋을지, 어떤 색상이어야 하는지, 브랜드명이 드러나면 되는지 안 되는지 등 세세한 부분들까지 학생들은 고민합니다. 그러나 면접장에 신고 들어갈 신발을 결정하는 기준은 '면접장에 대한 예의를 갖춘, 청결한' 신발이면 충분합니다. 맨발이나 양말이 드러나는 슬리퍼 및 샌들의 종류나 꺾어 신은 신발, 눈이 갈 정도로 지저분한 신발이라면 면접장에 대한 예의가 부족하다고 판단될 수 있습니다. 그 외에는 신발이 아니라 '나'라는 사람에게 집중될 수 있도록 차분한 색상의 신발을 신는 것이 좋고, 때로 걸을 때마다 소리가 크게 나는 구두 종류의 신발은 학생 스스로가 입실과 퇴실 과정에서 신발 소리에 신경을 쓰느라 면접 과정에 온전히 집중하기 어려울 수 있으니 참고해 주시기 바랍니다. 간혹 가을부터 겨울까지 진행되는 면접 전형 일정의 특성상 비나 눈이 와 대학 교정의 진흙으로 신발이 더러워질 수도 있지만, 이는 면접의 합격과 불합격에 영향을 주는 주요 요인이 되지 않으니 날씨 환경에 집중력을 흐리지 말고 최선을 다해 면접 과정에 집중해 주시기 바랍니다.

액세서리의 경우 얼굴을 가리는 모자 착용은 하지 않으셔야 합니다. 이외에 가려져서 잘 드러나지 않는 작은 목걸이, 실반지 등은 눈에 잘 띄지 않아 면접에 방해를 주는 정도가 아니기 때문에 무난하게 착용이 가능합니다. 다만 눈에 잘 띄는 귀걸이, 귀

찌, 피어싱, 펜던트가 큰 목걸이, 빅사이즈 시계, 팔찌 등 패션을 위해 착용하며 눈에 잘 띄는 액세서리는 추천하지 않습니다. 면접 외적 요소에서 강조되는 것은 면접의 과정과 목적에 대한 이해와 예의입니다. 굳이 과한 액세서리 착용으로 면접관의 집중을 분산시킬 필요는 없습니다.

액세서리는 아니지만 손톱에 대한 질문도 많은데 길게 길러 단정하지 못하거나 매니큐어를 바른 손톱은 추천하지 않습니다. 답변을 할 때 손동작을 사용하여 부연 설명하기도 하고 앉은 자리의 거리상 손톱은 눈에 들어올 수 있기 때문에 단정한 길이로 다듬어 깔끔하게 준비하시기 바랍니다.

이외에도 블라인드 면접이 강화되면서 고등학교나 지역 등의 정보를 드러내는 배지 착용은 할 수 없으니 참고해 주십시오. 또 평소 안경을 쓰는 학생이라면 면접에서 안경을 착용할지 콘택트렌즈를 착용할지도 많이 궁금해하는 것 중 하나인데 안경의 착용 여부가 면접관에게 미치는 영향은 거의 없으니, 자신이 보이고자 하는 특정 이미지가 있다면 그것에 맞춰 준비하시고 렌즈 착용 시 불편을 느껴 면접에 집중하기 어렵다면 안경을 착용하고 면접에 응할 것을 추천합니다.

 합격 꿀팁

강한 인상을 주기 위해 면접에서 춤 추기? 삼행시 짓기?

면접에서 강한 인상을 남기겠다는 의지로 춤, 노래, 삼행시 짓기 등을 준비하는 학생들이 있습니다. 이러한 내용은 '누군가 면접에서 춤을 춰서 합격했다'라는 학생들의 소문에서 시작되는 경우가 많습니다. 그러나 면접관은 학생이 대학에 진학한 후 필요한 역량을 확인할 수 있는 질문 이외의 요청을 하지 않으며, 면접장에서 어떤 맥락에서든 춤, 노래, 삼행시 등을 했다고 해도 합격과 불합격을 결정짓는 요소로 작용하지 않습니다. 가장 중요한 것은 평가자의 질문에 답변을 잘 하는 것이기 때문에 불필요한 준비는 하지 않아도 됩니다.

Q15 답변의 적당한 길이와 속도는 어느 정도인가요?

동영상 강의

질문의 내용에 따라 답변 안에 들어갈 내용도 달라지기 때문에 하나의 질문당 몇 분(초)를 사용해야 한다는 것을 일괄적으로 정할 수는 없습니다. 다만 너무 짧거나 너무 긴 답변은 정해진 면접 시간 안에서 자신을 최대한 드러내는 데에 불리하다는 것을 꼭 기억해야 합니다.

단답형인 '네, 아니오'의 대답만을 반복하는 경우, 면접관의 시각에서는 학생이 면접에 최선을 다하고자 하는 의지가 있는지 의심할 수 있습니다. 뿐만 아니라 스스로도 주어진 질문에 대해 서류에 드러나지 않는 내용을 부연설명할 수 있는 좋은 기회를 놓치게 됩니다. 따라서 한 문장으로 끝나는 단답형의 답변보다는 3개 내외의 문장 정도의 길이로 질문에 대한 대답을 충실하게 설명할 수 있는 길이가 좋습니다.

다만 너무 긴 답변을 하게 되면 면접 시간을 효율적으로 사용할 수 없습니다. 우선 답변이 길어지면서 질문의 의도와 다르게 답변의 방향이 흘러가 장황하거나 엉뚱한 답변을 하게 될 가능성도 있고, 정해진 면접 시간 안에 더 많은 부분에 대한 궁금증을 해결할 수 있는 기회를 놓칠 수도 있습니다. 따라서 면접 예상 문항과 답변을 준비할 때 기본적으로 30초 내외의 답변으로 구성하고, 답변을 해 나가는 과정에서 면접관의 의도에 따라 조금 짧거나 조금 길게 변용하여 답변해야 합니다. 또 답변의 내용을 구성할 때 가장 중요한 핵심부터 두괄식으로 답변하고 뒤에 설명을 덧붙여 답변에서 말하고자 하는 바가 면접관에게 정확하게 전달될 수 있도록 하는 것이 좋습니다.

질문의 답변을 효과적으로 전달하기 위해 말의 속도도 조절해야 합니다. 말이 너무 빠를 경우 면접관이 미처 학생의 답변을 제대로 파악하지 못한 채로 넘어가거나 다시 답변하며 아까운 시간을 보내는 상황이 될 수 있습니다. 따라서 평소 소리내어 답변하는 연습을 통해 상대방이 나의 말을 이해하며 따라오고 있는지를 확인하며 속도를 조절해 나가야 합니다. 많은 학생들이 면접에서 자신이 야심차게 암기한 예상 질문이 나오는 경우, 틀리지 않고 암기한 답변을 말하기 위해 말의 속도가 빨라질 수밖에 없습니다. 이러한 상황에 유의하여 자신이 말하는 도중 면접관들의 끄덕임, 눈 맞춤 등 이해 표현이 나오고 있는지 확인하시기 바랍니다.

반대로 말의 속도가 너무 느린 경우, 정해진 시간 안에 다른 학생보다 적은 정보를 전달할 수 있습니다. 면접관들도 정해진 시간 안에 학생에 대해 추가적인 정보들을 묻고 최대한 궁금증을 해결하기를 원합니다. 그러나 학생의 말 속도가 너무 느려서 다른 지원자보다 적은 질문을 받는다면 아쉬울 수밖에 없습니다. 또 수많은 지원자들의 면접으로 지쳐 있을 면접관들에게 너무 느린 말 속도는 집중력을 더욱 떨어뜨리는 원인이 될 수 있으니 이 부분도 주의하기 바랍니다.

동영상 강의

Q16 면접 말투와 발음의 유의사항이 있나요?

　기본적으로 공식 언어 경어체인 '~습니다' 형식의 답변을 구사하는 것이 좋고, 답변을 하는 과정에서 '요'로 끝나는 문장을 사용할 수도 있으나 격식을 차려 답변하는 자세는 유지해 주셔야 합니다. 비속어와 유행어 등의 사용은 자제해야 하며 모집단위의 공식 질문 유형이 아닌 외국어를 사용한 답변도 자제하기 바랍니다. 면접 중에는 면접관들에게 고등학교 과정의 활동을 자세하게 전달한다는 생각으로 면접관들을 이해시키며 질문에 응답하는 소통의 자세를 갖추어야 합니다. 이러한 소통이 원활하게 이루어지기 위해서는 부드러운 말투와 면접관에 대한 예의를 담은 말투로 면접에 응해 주셔야 합니다.

　답변의 발음은 나의 말을 면접관에게 명확하게 전달할 수 있는 정도면 충분합니다. 부정확한 발음으로 전달하고자 하는 내용이 제대로 전달되지 않는 정도가 아니라면 어떤 내용을 전달할 것인가가 더욱 중요합니다. 자신의 답변 말투와 발음을 정확하게 확인하기 위해서 면접 연습 과정에서 거울을 보며 답변하거나 휴대기기를 이용하여 직접 촬영한 영상을 모니터링하고, 주변인들과 함께 연습하면서 부족한 부분을 체크하여 보완하는 과정이 필요합니다. 다만 평소에 발음이 부정확하여 명확한 의사 전달에 어려움을 겪었던 학생이라면 면접을 준비하는 과정에서 크게 소리내어 답변을 말하며, 혼자서 연습하기보다는 자신의 발음과 전달력을 모니터링해 줄 친구들, 선생님, 부모님 앞에서 연습할 것을 추천하며, 간혹 구강 구조 등 신체의 특성을 이유로 정확하게 발음되지 않는 부분이 있거나, 치아 교정 등으로 발음에 어려움이 있는 경우에는 면접을 시작하기 전 면접관들에게 짧게 양해를 구하고 시작하면 좋습니다.

면접 도중 면접관들과의 눈맞춤, 고개 끄덕임, 미묘한 표정의 변화 등을 살펴 나의 답변 내용이 잘 전달되고 있는지를 확인하며 발음과 답변의 말투, 또 크기와 속도 등을 알맞게 조절하며 답변해 나갈 수 있도록 연습해 주시기 바랍니다.

 합격 꿀팁

답변은 표준어로만 해야 하나요?

아닙니다. 다른 지역의 대학에 지원하여 지역을 옮겨 면접을 보게 되는 경우, 특히 지방 지역의 학생들이 서울 지역의 대학에서 면접을 볼 때 가장 많이 걱정하는 것이 "사투리를 사용하면 안 되나요?"입니다. 그러나 사투리는 지방 고유의 언어로서 사투리를 사용한다는 것이 면접의 감점 요인으로 작용할 이유가 전혀 없으며, 단기간 연습을 통해 수정될 수 있는 부분도 아니기 때문에 이로 인한 불이익은 없습니다. 오히려 학생들이 표준어 사용에 집중하여 답변을 원활하게 하지 못할 가능성이 있기 때문에 답변의 내용에 더욱 집중하여 면접을 응시할 수 있도록 해야 합니다. 다만 사투리 사용 시, 그 지역에서만 통용되는 어휘를 사용하거나 다른 지역과는 다른 억양과 강세로 면접관이 한 번에 이해하지 못하는 부분도 있을 수 있습니다. 특히 목소리가 작거나 말의 속도가 빠른 학생, 평소 발음이 부정확한 학생이라면 이러한 경우가 생길 수 있습니다. 면접에서 가장 중요한 것은 면접관과의 의사소통으로 질문의 핵심을 파악하고 그에 알맞은 답변을 명확하게 전달해야 하므로 사투리를 사용하는 경우라 하더라도 이 점을 고려하여 사용하는 어휘와 발음에 신경 쓰며 자신의 답변을 면접관이 잘 알아듣고 이해할 수 있도록 답변하는 연습을 해 주시기 바랍니다.

면접 예상 질문을 준비하며 가장 먼저 고민하게 되고 끝까지 고민하게 되는 질문이 바로 '자기소개'와 '마지막으로 할 말'입니다. 이 두 가지 질문에 정답은 없습니다. 자신을 효과적으로 가장 잘 드러내고 지원한 대학에 진학 의지를 강하게 보여줄 수 있는 답변이라면 좋습니다. 다만 첫인상과 끝인상으로 강렬한 인상을 남겨야 한다는 생각 때문에 너무 긴 답변, 비유가 과도하여 핵심을 전달하기 어려운 추상적인 답변 등은 오히려 자신을 드러낼 수 있는 좋은 기회를 활용하지 못하는 아쉬운 사례가 됩니다.

최근에는 대학에 따라 자기소개와 마지막 할 말 질문을 생략하는 추세가 강합니다. 다만 준비하지 않았다가 질문이 나올 경우 학생들이 당황할 수 있기 때문에 기본 문항으로 이 질문은 예상 답변을 반드시 준비해 주시기 바랍니다.

자기소개와 마지막 할 말을 질문하는 대학의 경우, 30초 자기소개, 2분 자기소개 등 시간을 지정하여 답변을 요구하는 질문으로 출제되는 경우도 있습니다. 따라서 학생들은 30초, 1분, 2분 정도의 길이에 맞춘 자기소개 버전을 준비하여 연습하시는 것이 좋습니다. 시간을 정확하게 지정하지 않고 "자기소개 짧게 해 주세요, 간단한 자기소개 부탁합니다" 등 길지 않은 답변을 요구하는 경우 30초 내외로 준비한 자기소개를 하시면 됩니다. 짧은 자기소개를 요구했는데 답변이 1~2분으로 길어진다면 답변 중간에 중단시킬 수 있습니다. 이 경우 학생들은 뒤에 이어지는 면접에서 위축될 수밖에 없습니다. 따라서 면접관이 짧은 답변을 요구하는 경우 간단하되 의미 있는 핵심 내용만을 담은 자기소개를 할 수 있도록 해 주십시오. 또 면접 시간 제한상 마지막 할 말을 요구하지 않은 경우, 학생이 적극적으로 "마지막으로 한 말씀드려도 될까요?"라고 요청할 수 있습니다. 다만 이 경우에도 대학마다, 또 남은 시간의 여유에 따라 기회를 얻지 못할 수도 있습니다. 기회를 얻지 못했다고 해서 면접 답변이 전체적으로 부족했음을 의미하는 것이 아닙니다. 아래의 예시 내용을 참고하여 자신을 잘 드러낼 수 있는 내용으로 첨가 혹은 수정하여 활용하시기 바랍니다.

<자기소개 예시>

· 인사
· 역량   예) 간호사가 되고자 하는 열정으로 소통의 역량과 전문가의 역량을 갖추고자 노력해 왔습니다.
· 경험   예) 고등학교 시절 아동전문 병원에서 봉사 활동을 하면서 보람을 느꼈습니다.
· 비전과 포부   예) 환자들과 소통하며 그들의 심리적 아픔까지 공감할 수 있는 역량을 가진 아동 전문 간호사가 되기 위해 OO대학교에서 더욱 노력하고 싶습니다.

<마지막 할 말 예시>

· 면접 기회를 주셔서 감사합니다.
· 꼭 답변하기 위해 준비했는데 질문으로 나오지 않았던 내용을 간략히 소개
· 대학에 진학한 후 학업에 대한 의지 강조
· 감사 인사

많은 학생들이 1차 서류 전형에서 합격을 확신할 수 없기 때문에 합격 발표를 확인한 후 면접을 준비하려고 생각합니다. 그러나 상향이라고 판단하며 접수한 학교일지라도 합격의 가능성을 배제한 채로 지원하지는 않습니다. "아주 낮은 가능성이라도 1단계 합격을 한다면?"이라는 생각을 가지고 지원을 하게 됩니다. 만약 "어차피 이 대학은 원서를 접수해도 떨어질 것이 분명해"라는 생각으로 접수했다면 매우 잘못된 지원 전략입니다. 그렇다면 정말 기적처럼 1단계 합격을 했을 때, 이것만으로 여러분의 목표가 달성되는지 생각해 보시기 바랍니다. 우리의 궁극적인 목적은 최종 합격입니다. 따라서 1단계 합격을 했을 때 면접에 최선을 다할 수 있도록 만반의 준비를 해야 필요합니다. 많은 학생들이 "면접 준비하다가 1단계 불합격하면 준비한 과정이 너무 아깝습니다"라고 이야기합니다. 하지만 면접을 준비하다가 1단계가 불합격되는 경우와 면접을 준비하지 않고 있다가 1단계 합격해서 면접장에 갔지만 준비 부족으로 결국 불합격한 상황이 될 경우, 둘 중에 어느 상황이 더 안타깝게 느껴지시나요?

대학 일정에 따라 1차 합격자 발표와 면접 시행일 사이에 한 달 정도 기간이 있는 학교도 있지만, 대부분의 학교들이 화요일 또는 수요일에 1차 발표를 하고 그 주 주말에 면접을 진행합니다. 따라서 1차 발표를 확인한 후 준비를 시작한다면 3~4일 정도만 준비한 채로 면접장에 가게 됩니다. 이는 턱없이 부족한 기간입니다. 따라서 면접이 있는 대학에 지원하는 지원자들은 학교생활기록부 마감과 자기소개서 작성을 할 때부터 면접 상황을 염두에 두어야 하며, 원서 접수가 마감된 이후부터는 바로 면접 내용을 구성하고 소리내어 답변하는 면접 준비를 시작하시기 바랍니다.

면접 준비를 할 때 예상 문항에 대한 답변을 줄글로 작성하고 이를 통암기하는 학생들이 있습니다. 이 방법은 전체 내용을 충실하게 답변할 수 있는 장점이 있는 반면 암기한 문장을 말하다가 다음 단어나 내용이 기억나지 않을 경우 당황하여 이후 답변을 모두 못하는 위험이 있습니다. 또 암기한 문장을 충실하게 답변할수록 면접관과 대화를 나누는 느낌이 아닌 암기한 것을 그저 '읽는' 듯 한 말투로 답변하게 되는 단점이 있습니다. 반대로 예상 문항에 대한 답변을 몇 개의 핵심 단어로만 작성하여 암기한 후 그 단어들을 중심으로 문장으로 구성하여 답변하는 방법도 있습니다. 이 방법은 면접관과 대화를 나누는 느낌을 줄 수 있으며 생동감 있는 의사소통 역량을 보일 수 있는 장점이 있는 반면, 답변의 길이가 너무 짧아져서 충실하게 답변하지 못하거나 추가적인 내용을 덧붙여 나가는 데에 어려움을 겪을 수 있습니다. 따라서 면접을 충실하게 준비하기 위해서는 이 두 가지 방법을 적절하게 사용해야 합니다.

추가로 다음 네 가지 순서에 맞춰 예상 질문에 대한 전체 답변을 완벽한 글로 완성하여 준비할 것을 추천합니다. 전체 답변의 길이가 짧아지는 것을 방지하고, 암기는 핵심 단어 위주로 하여 면접장에서 다음 암기 내용을 떠올리지 못해 전혀 답변하지 않게 되는 위험도 줄여 나가는 방법으로 면접을 준비하시기 바랍니다.

첫째, 예상 문항에 맞춘 답안을 완벽한 줄글로 완성합니다.
둘째, 줄글 답변 중 핵심이 되는 단어나 구절에 형광펜으로 하이라이팅합니다.
셋째, 줄글 내용의 흐름을 기억하되, 하이라이팅한 단어와 구절을 중심으로 암기합니다.
넷째, 면접장에서 암기한 단어와 구절을 활용하여 문장을 완성하는 방법으로 답변합니다.

Q20 서류 기반 기초 면접 예상 문항 Top 30

동영상 강의

	출제 기반	세부 항목	대표 예시 문항
1	학교생활 기록부	출결상황	3년간 개근할 수 있었던 비결이 있나요?
2			결석, 조퇴 등 기록이 보이는데 어떤 이유였나요?
3		수상경력	가장 기억에 남는 대회는 무엇이며, 이유는 무엇인가요?
4			A 수상을 할 때 본인이 맡은 구체적인 역할은 무엇이었나요?
5		자율활동	학급 회장(부회장, 임원, 학생회 부원 등)으로서 가장 의미를 두고 활동한 점은 무엇이고 그 이유는 무엇인가요?
6			A 활동의 참여 계기와 가장 기억에 남는 점을 소개해 주세요.
7		동아리활동	A 동아리에 참여한 계기와 가장 노력한 활동이 있다면 소개해 주세요.
8			그 활동을 진행하며 가장 어려웠던 점은 무엇이며 그것을 해결하기 위해 구체적으로 어떤 노력을 했나요?
9		봉사활동	의미 있게 활동한 봉사를 소개하고, 봉사를 하게 된 계기와 봉사활동에서 구체적으로 자신이 했던 활동이 무엇인지 소개해 주세요.
10			재학 중 봉사활동으로 무엇을 배웠으며, 그것이 대학 생활에서 어떤 도움이 될 것인지 말해 보세요.
11		진로활동	진로를 선택하게 된 구체적인 계기가 있다면 설명해 주세요.
12			진로로 나아가기 위해 거쳐야 하는 구체적인 과정을 알고 있나요?
13			진로를 탐색하기 위해 노력한 점을 소개해 주세요.
14			진로활동 기록에 A 활동이 기록되어 있는데 어떤 활동인지 소개하고, 진로를 이해하는 데에 어떤 도움이 되었는지 말해 주세요.

162

15	학교생활 기록부	교과학습발 달상황	자신의 학업적 성취 중 가장 의미 있는 경험을 구체적으로 말씀해 주세요.
16			A 과목의 학업 성취가 하락(또는 상승)하고 있습니다. 특별한 이유가 있었다면 설명하고, 이를 위해 어떤 노력을 하였는지 말해 주세요.
17		세부능력 및 특기사항	A 과목의 기록 중, 수업 중 배운 내용을 창의적으로 활용하는 능력에 대해 언급되고 있습니다. 이에 대한 구체적인 사례를 설명해 주십시오.
18			A 과목의 기록 중, B라는 주제에 대해 조사하여 친구들 앞에서 발표한 내용이 기록되어 있습니다. 그 주제를 선택한 이유와 함께 어떤 내용인지 간략하게 소개해 주시기 바랍니다.
19		독서활동 상황	A 책이 보이는데, 이 책을 읽게 된 계기는 무엇이며, 어떤 부분이 가장 기억에 남습니까?
20			독서량이 매우 적은데(혹은 매우 많은 편인데) 이유가 있다면 말해 주시고, 독서를 통해 자신의 어떤 부분을 성장시킬 수 있었는지 답변해 주십시오.
21		행동특성 및 종합의견	담임선생님께서 A라는 기록을 남겨주셨는데, 어떤 사례로 이러한 기록이 되었는지 구체적으로 설명해 주세요.
22			담임선생님께서 A 부분이 다소 부족하다는 평가를 해 주셨는데, 이 부분을 어떻게 보완하고자 하였는지, 또 현재는 얼마나 발전되었는지 답변해 주십시오.
23	자기소개서	1번 문항	1번에 소개한 학업의 방법을 활용하여 학습한 다른 사례가 있다면 소개해 주세요.
24		2번 문항	자신이 소개한 협력의 방법을 활용하여 공동의 목표를 성취한 또 다른 사례가 있다면 소개해 주세요.
25		3번 문항	학업계획으로 쓴 대학 진학 후 연구하고자 하는 주제는 어떻게 알게 되었나요?
26	일반		우리 대학이 학생을 선발해야 하는 이유를 두 가지 이상 설명해 보세요.
27			학교생활 중 가장 크게 반성했던 일을 소개하고, 그 이후 성장한 점을 말해 주세요.
28			최근 우리 학과 분야와 관련한 가장 주요한 이슈를 말하고, 그에 대한 자신의 생각을 말해 주세요.
29			우리 대학 또는 학과의 인재상이 본인에게 부합한다고 생각하시나요? 구체적인 사례를 들어 답변해 주세요.
30			자신의 진로에 가장 필요한 역량(자질)은 무엇일까요? 그러한 역량을 보였던 자신의 경험이 있다면 말해 주세요.

최종 대학 선택 시 유의사항

후회 없는 대학 선택
가이드라인

동영상 강의

　대학 진학은 모든 사람이 필수적으로 거쳐야 하는 과정은 물론 아닙니다. 자신이 원하는 진로 분야가 대학 수준의 고등교육과정을 필수로 하지 않는다면 군이 대학에 진학할 필요가 없습니다. 그러나 반대로 자신이 원하는 진로 분야가 대학 수준의 고등교육과정이 필요한 분야라면 대학에 진학하여 그 분야의 전문성을 더욱 확장할 수 있습니다. 뿐만 아니라 대학 과정은 고등학생이 성인이 되면서 사회에 진출하기 전, 다양한 사람들과 교류하고 협업하는 과정을 배우면서 사회인으로서의 준비를 할 수 있는 기간이 되기도 합니다. 고등학교를 졸업하고 대학에 진학한다고 해서 진로탐색과 사회인으로서의 성장이 멈추는 것이 절대 아닙니다. 대학에서 계속해서 자신을 성장시키는 과정이 이어지기 때문에 대학 진학을 통해 자신을 발전시키고자 하는 목표를 가지고 진학할 것을 추천합니다.

동영상 강의

　원서를 접수할 때는 "어디든 무조건 붙기만 하면 좋겠다!"는 생각을 하지만, 최종적으로 두 군데 이상의 합격 결과를 받게 된 후라면 대학 생활의 과정과 졸업 후 미래의 삶을 위해 여러 조건을 고려하여 최종 선택을 해야 합니다. 이때 단순히 일반적인 대학의 인지도만을 선택하여 결정해서는 안 됩니다. 좀 더 다각도에서 등록 요건들을 살피며 현명한 선택을 할 수 있어야 합니다. 이 글을 합격 결과 발표 전에 읽는 학생들이라면 두 군데 이상의 합격이 쉬운 일도 아닌데 너무 앞서가는 것은 아닌지하고 생각할 수도 있지만, 최초합격자 발표가 아니라 충원합격발표로 합격이 되는 경우, 그것도 여러 대학이 충원합격으로 연달아 발표되는 상황이 되면 빠르게 선택하고 등록할 수 있어야 하므로 깊게 고민할 시간이 없습니다. 원서 접수를 하고 난 후에는 혹시 모를 이 행복한 선택에 대해 등록의 우선순위를 미리 고민해 두어야 합니다.

Q3 수시에서 하나라도 합격이 되면 정시는 지원이 불가능한가요?

동영상 강의

　네. 그렇습니다. 수시 전형에서 하나라도 최종 합격 발표가 나면 정시 전형에는 지원이 불가능합니다. 이때 수시 전형에 최종 합격한 후 등록 여부와는 상관이 없습니다. 즉, 합격 발표를 받은 상태에서 등록을 포기하더라도 정시 전형에는 지원이 불가능합니다. 그리고 이때 합격은 최초 합격만 의미하는 것이 아니라 충원합격도 모두 포함한 결과입니다. 수능 결과가 좋아서 수시로 지원한 대학보다 높은 대학에 지원할 수 있게 된 경우라도, 수시에서 최종 합격한 경우 정시 지원은 불가능하며, 이런 상황을 '수시 납치'라고 표현합니다. 따라서 수시 지원 대학을 선택할 때 반드시 정시 지원 범위도 함께 고려하며 결정해야 합니다.

🔔 합격 꿀팁

원서 접수 전 대학별 고사 일정을 확인하세요!

논술 시험, 면접고사 등 대학별 고사 일정을 확인하여 수시 납치를 예방할 수 있습니다. 대학별 고사 일정이 수능 시험 이후에 진행되는 대학이라면, 수능 시험을 본 후 대학별 고사에 참여할 것인지를 선택할 수 있습니다. 논술 시험과 면접고사에 참석하지 않는다면 불합격 처리가 되기 때문에 정시 지원이 가능하니 이를 참고하여 대입 지원 전략을 수립하기 바랍니다.

서로 다른 모집단위(학과)에 합격했다면 각 모집단위에 대한 자신의 흥미와 취업의 연계성 등을 함께 고려하여 선택해야 합니다. 같은 모집단위(학과)에 합격했다면 각 대학의 장점과 단점을 고려해야 합니다. 졸업생 진로 및 취업률, 장학금, 국제교류, 복수전공 프로그램 등 학교의 지원 프로그램이 더욱 매력적인지를 파악하는 일도 중요합니다. 아울러 등록금 차이, 입학한 후 통학이 가능한지, 통학이 불가능하다면 기숙사 입실이 가능한지, 불가능하여 하숙을 한다면 예상 생활비는 어느 정도이며 어떻게 마련할 수 있을지 등 현실적인 면까지 꼼꼼하게 고려해야 합니다. 인터넷상의 정보 중에는 출처가 불분명한 것도 많고 한쪽으로 치우친 정보만을 얻게 될 가능성도 크기 때문에 최대한 직접 대학을 방문하거나 재학생 및 졸업생 인터뷰를 통해 장점과 단점에 대해 조언받을 것을 추천합니다.

여대를 지원한 여학생들의 경우, 남녀 공학 대학과 동시 합격했을 때, 그 두 대학에 대한 선호도가 비슷하다면 더욱 고민하게 됩니다. 여대에 다닐 경우 남녀 공학보다 더 주체적이고 적극적인 대학 생활을 할 수 있다는 장점이 있는 반면, 대학 생활 중 남학생과의 협력이나 경쟁의 경험이 없어 사회 진출 이후에 어려움을 겪을 수 있다는 단점도 있습니다. 그러나 이러한 장점과 단점은 대학생의 성장 경험이 '대학 캠퍼스 내'로만 국한되던 과거의 사회 문화에서 나타난 특징들입니다. 편리한 교통 환경과 같은 사회적 인프라뿐만 아니라 인터넷으로 연결된 다양한 경험의 장이 열려 있으며, 고등학교 시절부터 자신의 호기심을 해결하기 위해 적극적으로 도전하는 연습이 된 학생들은 대학 캠퍼스를 벗어나 다양한 대외 활동에도 참여하며 경험의 범위를 전국 나아가 전 세계로 확장할 수 있는 잠재력을 가지고 있습니다.

남녀 공학에 다니는 여학생들도 누구보다 주체적이고 진취적일 수 있으며, 여대에 다니는 학생들도 다양한 대외 활동에 참여하며 남학생과의 협력과 경쟁을 경험할 수 있습니다. 따라서 누군가 '이러하다'라고 규정지은 특성에서 벗어나 자신이 어떻게 발전해 나갈 것인지를 고민해야 합니다. 그러기 위해서는 우선 '여대' 혹은 '남녀 공학'이라는 특성을 제외한 후 그 대학의 학과가 어느 정도의 위치를 차지하고 있는가를 살펴봐야 합니다. 또 Q4에서 제시한 여러 선택 사항에 비추어 볼 때 어느 정도의 장점이 있는지도 판단해야 합니다. 궁극적으로 '여대'라서 '남녀 공학'이라서 선택하기보다 입학 후 졸업까지 자신을 가장 많이 성장시킬 수 있는 환경을 가진 대학이 어디일지를 판단하여 선택하기 바랍니다.

Q6 대학 이름이 중요한가요, 학과가 중요한가요?

동영상 강의

최종 대학 선택에서뿐만 아니라 원서를 접수하면서부터 학생들이 많이 하는 고민입니다. 쉽게 설명하기 위해 선호도와 인지도가 높은 대학을 '높은 대학', 반대의 대학을 '낮은 대학'으로 지칭하여 대학 선택에서 고려할 몇 가지를 안내합니다.

첫째, 고민하는 두 대학 중 높은 대학이 그 수준과 인지도에서 큰 매력을 가졌는지를 판단하십시오. 즉 학과 매력이 많이 떨어지더라도 대학명만으로도 매력을 보일 수 있는지 판단해야 합니다. 높은 대학과 낮은 대학의 수준 차이가 크지 않다면 학과를 보고 결정하길 바랍니다.

둘째, 높은 대학의 학사제도 중 전과, 복수전공, 이중전공, 융합전공 등 자신이 원하는 다른 전공을 이수할 수 있는 프로그램이 있는지 확인하십시오. 그렇다면 원하는 전공으로 졸업할 수 있는 기회가 있으니 이 경우 대학의 이름을 보고 선택하길 바랍니다.

셋째, 만약 학사제도 중 전과나 복수전공 등의 프로그램이 갖추어져 있지 않거나 있다 해도 가능성이 매우 적은 경우, 혹은 내가 원하는 학과가 개설되어 있지 않아 궁극적으로 원하는 전공을 공부할 수 없을 때는 지원하고자 하는 학과에 대한 본인의 적응 가능성을 냉철하게 판단해야 합니다. 대학명만 보고 원하지 않는 학과에 입학하여 한두 달을 채 다니지 못하고 바로 반수로 도전하는 학생들이 많기 때문입니다.

자신의 학과를 선택하는 것은 누군가가 대신 결정해 줄 수는 없는 일입니다. 몇 가지 고려할 점들을 안내해 드렸으니 최대한 고민하셔서 현명한 선택을 하기 바랍니다.

지방 지역 학생이 지방 대학교와 서울 지역 대학교 사이에서 선택할 때 가장 먼저 고려할 것은 두 대학의 경쟁력 차이입니다. Q4의 기준에 따라 비교 분석하며 어느 대학에 입학하는 것이 자신을 더 많이 발전시킬 수 있을지를 고려해야 합니다. 간혹 서울이라는 지역적 매력 때문에 대학의 경쟁력에 차이가 있음에도 불구하고 인서울 지역의 대학을 최종 선택하는 학생도 있습니다. 물론 서울에서 대학 생활을 할 때 사회적·문화적 경험의 범위가 더욱 다양하고 넓게 형성될 수 있다는 장점도 있으나 선택의 우선순위에 두어야 하는 것은 무엇보다도 학문의 깊이입니다.

두 대학의 경쟁력에 큰 차이가 없고, 다양한 변수들의 고민에도 불구하고 장단점이 비슷하다면, 대학 졸업 이후의 진로계획까지 거시적인 시각으로 판단해볼 것을 추천합니다. 대학 졸업 후 자신의 진로생활 범위가 서울이나 전국 대상이 될 것인지 아니면 자신의 지역에서 활동할 것인지를 고민해 보기를 추천합니다. 때로 진로 특성에 따라 지역의 대학에서 지역의 특징을 세밀하게 살피며 수학하는 것이 진로 진출에 유리한 경우가 있기 때문입니다. 이외에도 가족과 떨어져 다른 지역에서 새로운 인간 관계 속에서 적응할 수 있는 개인적 성향은 어떠한지 등까지도 면밀하게 고려하여 최선의 선택을 하기 바랍니다.

동영상 강의

등록 과정에서 두 개 이상의 대학에 이중등록이 확인된 경우, 학교생활기록부와 자기소개서 등 대입 필수 서류에서 위조나 변조, 사실과 다른 허위 내용이 확인된 경우, 농어촌 전형이나 장애인 전형 등 특별지원 자격 서류에 위조 사항이 확인된 경우 등 대학 입시 과정에서 부정행위가 확인되면 최종 합격 및 등록 이후에도 합격 취소가 가능합니다. 따라서 대학 입시 준비 과정부터 제출 서류 준비, 자기소개서 작성과 면접, 최종 등록 과정까지 유의사항에 주의하며 응시할 것을 강조드립니다.

 합격 꿀팁

특별전형의 경우, 지원자격 유지 기간을 확인하세요!

농어촌학생 특별전형과 같이 일정 기간 이상을 반드시 유지해야 하는 특별자격이 필요한 전형은 정확한 기간을 확인하고 그 기간까지 자격을 유지할 수 있도록 해야 합니다. '고등학교 졸업일까지' 자격을 유지해야 하는 경우, 실질적인 고등학교 생활이 고등학교 3학년 겨울 방학 전으로 완료되고, 2월에는 졸업식만을 남겨둔 경우라 할지라도, 학사 일정 상 졸업 시점인 2월 말까지 자격을 유지해야 합니다. 그래야만 특별전형의 지원자격이 유지되며 최종 합격에도 영향을 주지 않습니다.

Q9 대학 기숙사는 누구나 들어갈 수 있나요?

동영상 강의

집에서 통학이 불가능한 경우, 가장 좋은 선택은 대학 기숙사에 입실하는 것입니다. 다만 전국의 모든 대학이 재학생 모두를 수용할 수 있을 만큼의 기숙 시설을 갖추고 있지 못하기 때문에 우선순위에 따라 기숙사 입실을 허용하고 있습니다. 이때 1학년 1학기는 전체 신입생 모두가 입실 가능한 경우가 있고, 1학년 중에서도 지역적 거리가 일정 거리 이상 충족되는 경우부터 우선적으로 자격이 부여되기도 합니다. 따라서 대학을 최종 선택하기 전 기숙사 입실 자격은 어떠한지 자신이 그 자격에 해당하는지 등을 꼼꼼하게 확인한 후 등록하실 것을 추천합니다. 또 학년이 올라갈수록 학점이나 기타 자격 등을 함께 고려하여 지원자격이 더욱 좁아질 수 있으니 기숙사 생활이 꼭 필요한 학생은 대학 진학 후에도 학교생활에 최선을 다해 성실하게 참여하여야 합니다.

Q10 재정지원제한대학(부실대학)의 경우 등록하면 안 될까요?

동영상 강의

　교육부와 한국교육개발원은 대학의 기본역량을 진단하는 평가를 진행한 후 '자율개선, 역량강화, 재정지원제한 I, 재정지원제한 II' 유형으로 나누어 결과를 공지합니다. 특히 이 중에서도 재정지원제한 II 유형에 선정된 대학은 구조조정과 함께 학생들의 국가장학금, 학자금 대출까지 제한됩니다. 다음 진단 평가까지 대학의 노력으로 부정적 평가요소를 없애고 재정지원제한 유형에서 제외되는 경우도 있으나, 그 과정에서 대학에 진학한 학생들은 재정적 지원이 제한되는 피해를 볼 수 있습니다. 학생들이 무엇보다 걱정하는 것은 부정적 평가요소들이 개선되지 않아 궁극적으로 폐교되는 상황입니다. 대학의 폐교 결정이 쉽게 일어나는 것은 아니지만 전혀 가능성이 없는 문제도 아니기 때문에 충분히 고려할 사항입니다. 재정지원제한대학 이외의 대학과 중복 합격된 경우, 다른 대학을 우선적으로 선택할 것을 추천합니다. 다만 최종 합격 대학이 재정지원제한대학만 있는 경우에는 직접 대학을 찾아 학교 시설과 학생 인터뷰 등으로 학교생활에 대해 최대한 많은 정보를 탐색하여 선택할 것을 추천합니다.

Q11 학자금대출 신청은 어떻게 하는 건가요?

동영상 강의

한국장학재단(www.kosaf.go.kr) 홈페이지에서 학자금대출을 신청할 수 있으며, 대출 목적에 따라 1월 초부터 5월 초까지 기간에 따라 신청이 가능합니다. 등록금과 생활비까지 신청할 수 있고 1차, 2차 신청으로 나누어 신청받아 지원 기회가 넓은 경우도 있으니 자신에게 필요한 상품을 찾아 지원하시기 바랍니다. 다만 신청 기간과 신청 마감일의 신청 시간을 정확하게 확인하여 기간을 놓쳐 신청하지 못하는 일이 없도록 주의하시기 바랍니다.

 합격 꿀팁

국가장학금도 함께 활용하세요!

다양한 국가장학금 종류에 따라 지원자격에 해당한다면 학자금대출과 함께 국가장학금 신청도 가능합니다. 1유형, 2유형, 다자녀, 지역인재 장학금 등으로 이루어진 국가장학금은 1유형만 신청해도 이후 장학금이 모두 함께 신청되는 통합 단일신청으로 진행되며 자신의 해당 조건에 따라 선발이 나뉩니다.

국가장학금 지급 방식은 우선 감면 또는 자비 납부/학자금 대출 이용 여부에 따라 상이합니다.

- 등록금 고지서 학비감면: 당해 학기 등록금에서 장학금액을 제외한 등록금액을 고지서에 기재하여 발부
- 등록금 대출이 있는 경우: 당해 학기 대출금으로 자동상환
- 등록금 대출이 없는 경우: 소속 대학을 통한 개별 지급

한국장학재단(www.kosaf.go.kr) 홈페이지에서 내용을 꼭 확인하여 활용하시기 바랍니다.

Q12 예비번호는 누구에게나 주어지나요?

동영상 강의

예비번호를 부여할지 말지, 모집인원의 몇 배수까지 예비번호를 부여할지 여부는 대학마다 다릅니다. 모집자 전원에게 예비번호를 부여하고, 충원합격 발표 결과에 따라 실시간으로 등록 결과에 따른 수정 사항을 공지해 주는 친절한 대학도 있는 반면 예비번호 자체를 부여하지 않아 학생들이 무작정 기다리게 되는 경우도 있습니다. 각 대학에서 예비번호를 부여해 주는 것이 학생 스스로 대학의 합격 가능성을 예측하고, 지원한 다른 대학과의 최종 선택을 효율적으로 고민하는 데에는 유리하므로 많은 대학에서 이를 고려해 주기를 바랍니다.

자신이 부여받은 예비번호를 지난 입시결과의 충원 결과와 비교하며 충원합격의 가능성을 예측해 볼 수 있습니다. 모집인원의 몇 배수까지 예비번호를 부여한 대학에서 예비번호를 받지 못했다면 합격의 가능성이 매우 낮게 판단될 수 있으니 이를 고려하여 대학의 최종 선택 순위를 결정해 두기를 추천합니다.

대학마다 충원합격 발표 방법이 모두 다릅니다. 가장 대표적인 방법은 대학별 입학처 홈페이지에서 정해진 합격자 발표 일정에 따라 공지하는 것입니다. 따라서 개인 연락을 기다리지 말고 정해진 일정에 홈페이지를 확인하여야 합니다. 충원합격 발표를 전화 통화나 문자 발송으로 함께 연락하는 대학도 있습니다. 이 경우 원서 접수 시에 입력한 연락망 순서에 따라 연락이 오므로 이후 전화번호 변경이라든가 연락망 순서에 변경이 있는 경우 지체 없이 수정 입력해 두어야 합니다. 특히 등록 마감일에 가까운 일정에 온 합격 전화 통화에서는 바로 등록 여부를 문의하고 이때 한 답변은 번복이 불가능하기 때문에 미리 등록 여부를 고민하여 결정해 둘 것을 추천합니다.

🔔 **합격 꿀팁**

대학교에서 온 전화를 받지 못했다면?

대학교에서는 학생이 원서 접수 시에 작성한 비상연락망을 통해 본인 이외의 연락처까지 모두 통화를 시도합니다. 그럼에도 불구하고 통화가 되지 않은 경우의 처리 방식은 대학마다 조금씩 다릅니다.

첫째, 통화가 되지 않은 충원 합격자를 합격 처리 한 후 당일의 충원 모집을 마감하는 대학의 경우, 예비 번호를 받고 대기하고 있는 후보자에게 합격의 기회가 줄어드는 상황이 생길 수 있습니다. 따라서 등록 포기가 확실할 경우 전화를 받아 등록 포기 의사를 밝혀주는 것이 다음 후보자를 배려하는 일임을 기억해 주세요.

둘째, 통화가 되지 않은 충원 합격자를 등록 포기한 것으로 간주한 후, 다음 후보자에게 바로 연락을 하는 대학의 경우, 자신이 합격할 수 있는 기회가 있었음에도 불구하고 불합격되는 상황이 되므로 충원합격 기간에는 걸려오는 전화를 놓치지 않고 받아야 합니다.

Q14 합격한 대학의 등록은 어떻게 하는 건가요?

동영상 강의

　온라인 상으로 합격 발표가 된 경우, 등록 절차를 온라인, 파일첨부, 문자 발송 등의 방법으로 안내하므로 각 대학의 절차에 따라 등록 절차를 이행하면 됩니다. 충원 합격 중 전화 안내의 경우에는 학생이 등록 의사를 밝혔을 경우, 전화 고지와 문자 발송 등으로 이후의 등록 절차를 안내하므로 그 절차에 따라 등록하면 됩니다. 이때 안내받은 등록 마감일시까지 등록을 마쳐야 하며, 예치금 등록을 하지 않은 상태로 시간이 지난 경우 자동으로 등록 포기처리가 되어 차순위자에게 합격 기회가 넘어 가니 일정에 맞춰 등록해야 합니다.

　등록하고자 하는 대학에 등록 의사를 밝히고 예치금을 넣으면 등록한 것으로 간주됩니다. 이후 다른 대학에서 충원합격 통보를 받고 등록을 취소하고자 하는 경우에는 등록 의사를 밝혔던 대학에 다시 연락해서 등록 취소 의사를 정확하게 전달한 후 등록예치금 환불을 신청해야 합니다. 등록 취소 의사 전달과 예치금 환불 신청이 완료되지 않은 상황에서 다른 대학에 합격 의사를 밝히는 경우 이중등록으로 간주되어 두 학교 모두 합격 취소가 될 수 있으니 주의해야 합니다.

Q15 하위 지망 대학에만 합격한 경우 등록을 해야 할까요?

동영상 강의

　수시 지원을 했던 6개 대학 중 5개 학교에 불합격하고 최하위 지망 대학에만 합격한 경우 등록을 고민하게 됩니다. 이런 일이 생기지 않도록 합격을 하면 '반드시 등록하여 진학할 대학의 최저 기준'을 미리 설정하는 것이 매우 중요합니다. 재수를 고려하지 않았다가 재도전을 할 수밖에 없는 상황이 되면 진지하게 고민할 시간이 많지 않습니다. 특히 충원합격인 경우에는 결정을 더욱 빨리 해야 하기 때문에 성급하게 결정하는 일이 생깁니다. 따라서 미리 우선순위를 결정해 둘 것을 추천합니다.

　최종 합격한 대학이 만족스럽지 않아 재도전을 할 경우, 지금보다 더 나은 결과가 돌아올 수 있는지를 냉철하게 판단해야 합니다. 수시 재도전의 경우, 지원전략이나 준비 과정에서 부족함이 있었을지 모르겠으나 무조건 지금보다 더 나은 결과를 보장할 수 없습니다. 정시 재도전의 경우에도 수능 준비를 꾸준히 하여 재수를 하면서 이어나갈 수 있는 학업 역량이 준비 되어 있는지를 확인해야 합니다. 수시 대입 준비를 하며 정시 준비를 전혀 하지 않았는데 정시 재도전을 시작하고자 하는 것은 만족스러운 결과를 가져오지 못할 가능성이 크기 때문입니다.

　그럼에도 정시 재도전을 생각한다면 대학에 진학하지 않고 수능 공부에 다시 한 번 최선을 다해 집중할 것을 추천하는데, 대학 생활을 병행하면서 수능 학습량을 채워나가기가 불가능하기 때문입니다. 이와 다르게 수시 재도전을 생각한다면 일단 합격 대학에 등록하여 대학생활을 경험하면서, 정말 이 대학에 만족하지 않는가를 확인할 것을 추천합니다. 의외로 대학생활에 만족하여 적응하는 학생도 많고, 대학 생활을 하면서 한 학기 종강 이후에 도전할 수 있는 기회가 있기 때문입니다.

180

Q16 반수나 재수로도 수시 지원이 가능한가요?

동영상 강의

　　반수나 재수생의 경우 정시 지원만 가능하다고 알고 있는 학생도 많지만, 수시 지원도 얼마든지 가능합니다. 다만 대입 전형의 특성상 고등학교 3학년 학생들만을 대상으로 하는 전형의 경우이거나 특정 연도 이후 졸업자로 지원자격이 정해진 경우 (예: 2017년 2월 이후 졸업자)에는 지정된 자격에 해당하지 않는 이상 지원이 불가능하기 때문에 각 전형별 지원자격을 확인해야 합니다. 최근 대학 지원 자격의 폭이 대폭 확장되면서 졸업 연도의 제한도 거의 사라지는 추세이기 때문에 자신에게 가장 잘 부합하는 대학과 전형을 탐색하여 도전하시기 바랍니다.

🔔 합격 꿀팁

지원자격은 어디에서 확인할 수 있나요?

정확한 지원자격은 해당 학년도의 수시모집요강에서 확인할 수 있습니다. 지원자격이 고등학교 졸업자, 고등학교 졸업(예정)자 등으로 표시된 경우 졸업 연도의 제한 없이 지원이 가능합니다. 지원 자격이 '00년 2월 졸업자' 등으로 제한된 경우 자신의 졸업 연도를 확인하여 지원 가능 여부를 확인해야 합니다. 간혹 '00년 1월'에 졸업한 것으로 학교생활기록부에 기재된 경우라도, 고등학교 학사일정에 따라 졸업일수를 충족하여 당해 연도 졸업자로 확인된다면 지원이 가능합니다. 이외에도 지원하고자 하는 대학별 입학처에 전화문의를 통해 정확한 답변을 얻을 수 있습니다.

Q17 대학 합격 후 반수를 위한 휴학이 바로 가능한가요?

동영상 강의

　합격한 대학에 등록하여 입학한 후 다시 대입에 재도전하려는 학생들의 경우, 1학기 휴학을 고려할 수 있습니다. 다만 이러한 방법을 사용하는 대학생들이 많아지면서 학생의 이탈률을 줄이고자, 대학 규정에 따라 1학년 1학기는 휴학이 불가능한 대학도 있으니 각 대학마다 학사규칙을 확인해야 합니다. 1학년 1학기 휴학이 바로 가능한 경우라 할지라도 수시 학생부전형을 준비한다면 무조건 휴학하는 것은 추천하지 않습니다. 학생부교과 및 학생부종합전형의 중심이 되는 학교생활기록부는 대학 생활과 상관없이 이미 완료되어 수정이 불가능하며, 자기소개서 작성과 면접 준비는 대학 생활을 하면서 준비가 가능하기 때문입니다.

　또 대학은 7월 전 1학기가 종강되기 때문에 종강 후 수시 대입 준비가 가능합니다. 다만 정시전형이나 논술전형 등 준비 기간이 필요한 전형으로 재도전하고자 하는 경우에는 대학 생활과 병행이 어려운 경우가 많습니다. 이 경우에는 자신의 상황을 고려하여 우선순위에 따라 결정하기 바랍니다.

Q18 반수나 재수는 수시에서 무조건 불리한가요?

동영상 강의

그렇지 않습니다. 반수나 재수 등을 재도전하는 학생이라고 해서 무조건 불리하게 평가하지 않습니다. 다만 해가 지날수록 학생부종합전형을 대비하고 준비하는 학생들의 준비도도 함께 향상되어 가기 때문에 작년의 학생들보다 새로 지원하는 학생들의 준비가 더욱 잘 되어 있을 가능성이 있고, 이미 학교생활이 종료되어 부족하다고 생각되는 부분을 보완하지 못하는 아쉬움이 있습니다. 따라서 재도전할 대학을 선택할 때 지난 지원에서 자신의 어떤 부분에서 부족함이 있었는가를 냉철하게 판단하여 지원해야 합니다. 자기소개서 작성이나 면접 준비 과정, 수능 최저 충족 여부 등에 부족함이 있었다면 이 과정의 준비를 보강해야 하며, 처음부터 지원 전략이 잘못되어 상향으로만 지원했을 가능성도 있기 때문에 지원 전략도 새롭게 구성하며 도전할 것을 추천합니다.

동영상 강의

Q19 재수 시 이전에 제출한 자기소개서를 그대로 제출해도 되나요?

자기 자신의 자기소개서는 유사도 검사의 대상에 해당하지 않습니다. 따라서 같은 자기소개서를 여러 대학에 중복하여 제출하는 것도 가능하고, 작년에 제출했던 자기소개서를 그대로 재도전에 사용하여도 괜찮습니다. 다만 유사도 검사로 인해 불이익을 당하는 일은 없다고 하더라도, 작년에 사용했던 자기소개서가 경쟁력이 있게 구성되었는지는 다시 한 번 확인하면서 부족한 부분을 보강하여 수정하는 것이 좋습니다. 더욱이 해마다 대학의 자기소개서 문항이 다르게 설정될 수 있기 때문에 같은 대학에 다시 지원하는 경우라 하더라도 올해 자기소개서 문항을 정확하게 확인하고 변화된 내용이 있다면 그에 맞춰 수정 작성할 것을 추천합니다.

🔔 합격 꿀팁

1단계 합격했던 자소서는 수정하지 않아도 되겠죠?

지난 입시에서 1단계 서류 평가에서 합격한 후, 면접 및 수능 최저 학력 기준 등을 충족하지 못하여 최종 합격하지 못한 경우, 서류의 경쟁력은 갖추었다고 판단하여 자소서를 그대로 활용하고자 하는 학생이 많습니다. 이 경우에도 대학의 전형 방법에 변화된 점은 없는지 확인해야 합니다. 전형 방법이 그대로 유지되었다 하더라도 세부평가항목에서 강조하는 내용과 비율이 달라졌을 가능성이 있기 때문에 올해의 입시 전형 특징을 분석한 후 변화에 맞추어 경쟁력 있는 자소서로 수정하여 제출할 것을 추천합니다.

학생부종합전형에서 평가의 대상이 되는 기간은 고등학교 재학 기간입니다. 따라서 고등학교 졸업 후의 경험은 평가의 대상이 되지 않습니다. 간혹 이 부분에 대해 고등학교 졸업 후의 경험을 자기소개서나 면접에서 언급할 수 없도록 엄격하게 규정하고 있는 대학도 있으나, 그렇지 않은 대학이라고 할지라도 이 부분은 평가에서 제외됩니다. 학생에 따라 고등학교에서 희망하던 진로와 전혀 다른 분야를 졸업 후의 계기로 희망하게 된 경우, 자기소개서에서 이를 강조하여 설명하고자 하지만 추천하는 방법은 아닙니다. 지원동기 부분에서 간략하게 설명할 수는 있지만 이 역시 평가에서 제외될 수 있다는 점을 참고하여 최대한 고등학교 기간에서 활동한 내용을 중심으로 설명할 것을 추천합니다.

나만의 다이어리 작성법

학교생활기록부 항목별
나의 비교과 다이어리

① 수상경력

동영상 강의

활용 예시

월	행사명 / 기간	활동내용 및 역할	연계활동 / 메모
7월 10일 20일 30일	여름 방학 ↑		
8월	여름 방학 ↓		
	진로 UCC 제작 대회	참가 완료: '언론인의 역할'을 주제로 선택	〈동상 수상〉
9월			
10월	경제 골든벨 대회	참가 완료	[독서] 청소년 경제 용어
	창의 수학 탐구 대회	참가 완료 (수상하지 못함) → 다음 대회에 도전!	
11월			
12월			
	겨울 방학		

월	행사명 / 기간	활동내용 및 역할	연계활동 / 메모
1월	↑	수학 대회 준비하기	
2월	겨울 방학 ↓		
3월			
4월	과학의날 탐구 대회	참가 완료 1. 팀 구성하기(~4/3) 2. 주제 정하기(~4/10) 3. 탐구 발표(4/20)	[교과서] 탐구 관련 이론 정리하기
5월	독후감 쓰기 대회(5/15)	참가 완료	
	수학 경시 대회	참가 완료 〈동상 수상〉	
6월			

나의 기록

월	행사명 / 기간	활동내용 및 역할	연계활동 / 메모
7월			
8월			
9월			
10월			
11월			
12월			

월	행사명 / 기간	활동내용 및 역할	연계활동 / 메모
1월			
2월			
3월			
4월			
5월			
6월			

② 창의적 체험활동(자율활동)

동영상 강의

 활용 예시

월	행사명 / 기간	활동내용 및 역할	연계활동 / 메모
7월 10일 20일 30일	여름방학 ↑		
8월	여름방학 ↓		
9월	학급 문제 해결하기	아이디어① 학급 도서관 만들기 아이디어② 분리수거 확률을 높이려면? ┄┄➤	학생회 건의사항으로 제안 하기: 분리수거함 비치
	시험 기간		
10월			독서장기 프로젝트
		아이디어① 학급 도서관 만들기	
11월	진로 특강 참여하기		
	시험 기간		
12월		아이디어① 학급 도서관 만들기 ↓	1인당 책 3권 읽기!
	겨울방학		

192

월	행사명 / 기간	활동내용 및 역할	연계활동 / 메모
1월			
2월	겨울 방학		
3월	반장 출마 도전!	공약 세우기, 선거 운동 팀 짜기	부반장 당선!
4월	시험 시간		
5월	학급 문제 해결하기	아이디어 ① 교실 속 미세먼지 줄이기 — 청소, 환기, 식물 키우기(역할 분담 필요)	공약 실천하기
6월	시험 기간		

✎ 나의 기록

월	행사명 / 기간	활동내용 및 역할	연계활동 / 메모
7월			
8월			
9월			
10월			
11월			
12월			

월	행사명 / 기간	활동내용 및 역할	연계활동 / 메모
1월			
2월			
3월			
4월			
5월			
6월			

창의적 체험활동(동아리활동)

동영상 강의

 활용 예시

월	행사명 / 기간	활동내용 및 역할	연계활동 / 메모
7월 10일 20일 30일	식물 생명 탐구하기 여름 방학	지역의 식물도감 만들기 ①	지역의 지리적 특징 정리
8월	여름 방학	지역의 식물도감 만들기 ② 지역의 식물도감 만들기 ③	
9월	시험기간		
10월	시험기간	 동아리 축제 부스 활동 준비 〈기획+안내〉	[축제] 부스에 전시하기
11월	시험기간		
12월	시험기간 겨울 방학		

196

월	행사명 / 기간	활동내용 및 역할	연계활동 / 메모
1월	↕		
2월	겨울 방학		
3월	동아리 선택하기	영자신문 동아리 면접(3/17)	
	식물생명 자율 동아리	1. 포스터 그려서 부원 모집 2. 활동 계획 수립	
4월	시험기간 ↕		
5월	시험기간 ↕		
	영자 신문 제작하기	[주제] 생활 속 환경 오염 방지방법	[캠페인] 환경 보호 활동
6월	시험기간 ↕		

✏️ **나의 기록**

월	행사명 / 기간	활동내용 및 역할	연계활동 / 메모
7월			
8월			
9월			
10월			
11월			
12월			

월	행사명 / 기간	활동내용 및 역할	연계활동 / 메모
1월			
2월			
3월			
4월			
5월			
6월			

4 창의적 체험활동(진로활동)

동영상 강의

활용 예시

월	행사명 / 기간	활동내용 및 역할	연계활동 / 메모
7월 10일 20일 30일 여름방학 ↑			
8월 여름방학 ↓			
9월 1차 지필평가 ↑		진로 수업 나의 진로 UCC 만들기	[신문 제작] 수학의 즐거움
10월 1차 지필평가 ↓		전공기사 스크랩(5개)	[독서] 인공지능과 수학(지은이)
11월 2차 지필평가 ↑			
12월 2차 지필평가 ↓ 겨울방학			

200

월	행사명 / 기간	활동내용 및 역할	연계활동 / 메모
1월		대학 전공 탐색 프로그램 참여	
2월	겨울 방학	진로 종사자 인터뷰하기	
3월			
4월	1차 지필평가 / 1차 지필평가		
5월		TED '수학을 배워야 하는 이유' 수강	[발표] 진로 시간 '나의 꿈 발표' [수행] 생활 속 수학 원리 찾기
6월	2차 지필평가		

✏ 나의 기록

월	행사명 / 기간	활동내용 및 역할	연계활동 / 메모
7월			
8월			
9월			
10월			
11월			
12월			

월	행사명 / 기간	활동내용 및 역할	연계활동 / 메모
1월			
2월			
3월			
4월			
5월			
6월			

5 # 창의적 체험활동(봉사활동)

동영상 강의

 활용 예시

월	행사명 / 기간	활동내용 및 역할	연계활동 / 메모
7월 10일 20일 30일	요양원 봉사 ↑	어르신 말벗 도우미, 실내 청소, 침구 정리	즐거운 말벗이 되려면? → 책 읽어 드리기 신문 읽어드리기
	여름 방학 ↑	매주 1회 봉사	
8월	여름 방학 ↓ ↓		
9월	요양원 봉사	2주 1회로 봉사 횟수 조정 ↑	[독서] 생활 속 의료 공학 [신문 스크랩] 의료용 로봇
10월		어르신 자서전 만들기! (총5분) 인터뷰 – 제작 – 자서전 선물 드리기	'목적이 있는 글쓰기' 발표
11월			
12월	겨울 방학	↓	

월	행사명 / 기간	활동내용 및 역할	연계활동 / 메모
1월	↑	교육 키워드와 연결고리 찾기 휴대폰 사용법 / 인터넷 사용법	[독서] 노인 교육
2월	⋮		겨울 방학 봉사 생기부 기재하기
	겨울 방학 ↓		
3월	요양원 봉사	봉사 전파하기 → 동아리 부원들에게 소개하고 같이 봉사 (2명이 참여하기로 함) → 봉사 방법 안내	
4월			
5월	요양원 봉사		[대회] 사회 주제 토론 대회 참여 고등학생 봉사활동 의무화
6월			

나의 기록

월	행사명 / 기간	활동내용 및 역할	연계활동 / 메모
7월			
8월			
9월			
10월			
11월			
12월			

월	행사명 / 기간	활동내용 및 역할	연계활동 / 메모
1월			
2월			
3월			
4월			
5월			
6월			

6 세부능력 및 특기사항

동영상 강의

📎 활용 예시

월	과목	활동내용 및 역할	과목	활동내용 및 역할
7월 10일 20일 30일	한국사	수업 시간 활용하여 '내가 생각하는 역사란?' 주제로 발표가 가능한지 문의드리기		시험 종료 후 과목별 개인 발표 기회 살피기
8월				
9월				
	수학	진로 관련 발표 - 건축에 사용되는 수학		
10월			영어	No.13, 15 지문해석 수업 준비
	생명과학	진도 범위 실험 보고서 작성		
11월				
12월				

월	과목	활동내용 및 역할	과목	활동내용 및 역할
1월				
2월				
3월				
4월	독서	진로 관련 도서 2권 읽고 발표 추가로 2권 더 읽고 독서활동지기록 계획	정치와 법 윤리와 사상	토론 준비 '사형 제도' 찬반 정리해서 암기 팀 발표 준비
5월	 수학	 발표 (5/15) No. 25, 26 수업 시연	세계지리	가장 관심 있는 도서 선택 이유와 함께 소개 발표 (5/23)
6월				

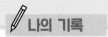 **나의 기록**

월	행사명 / 기간	활동내용 및 역할	연계활동 / 메모
7월			
8월			
9월			
10월			
11월			
12월			

월	행사명 / 기간	활동내용 및 역할	연계활동 / 메모
1월			
2월			
3월			
4월			
5월			
6월			

 **독서활동**

동영상 강의

 활용 예시

독서활동 상황		일자	21.03.05	독서 번호	15
1	영역/도서명(저자)	수학Ⅰ – 수학이 만든 세상(김00)			
2	선택 계기				
	내용에 대한 흥미 (진로 키워드 호기심)	책을 선택하게 된 동기와 진로 또는 특정 키워드와 연결될 경우 어떤 계기로 읽게 되었는지 기록			
	학습에 대한 호기심 (과목별 연계 내용)	수업 중 배운 수학 이론이 실제로 실생활에 어떻게 활용되는지 알아보고자 선택			
3	관심 내용				
	① 32쪽, 수학이라는 학문이 시작되고 발전된 역사적 흐름 설명				
	② 35쪽, 미적분이 실생활에 사용되는 예				
4	나의 생각				
	① 수학이 나의 전공 분야에 활용되는 사례 탐색 계획 짜기				
	② 수학의 영향만 강조할 것이 아니라 수학이 다른 학문 분야와 어떻게 서로 영향을 주고받는지 찾기				
5	확장하기				
	①	독서	수학과 과학의 만남(정00): 수학과 다른 학문의 영향 찾아보기		
	②	활동	수학 신문 제작해서 학급 친구들에게도 실생활 속 수학에 대해 알려줘야겠음		

독서활동 상황		일자		독서 번호	
1	영역/도서명(저자)				
2	선택 계기				
	내용에 대한 흥미 (진로 키워드 호기심)				
	학습에 대한 호기심 (과목별 연계 내용)				
3	관심 내용				
	①				
	②				
4	나의 생각				
	①				
	②				
5	확장하기				
	①	독서			
	②	활동			

⑧ 주간 비교과 다이어리

활용 예시

(3)월 (2)째 주

구분		세특		창체		개인/과제
요일	날짜	과목	키워드	항목	내용	
월	8	·수학 I ·영어 I ·화학 I	→ 지수함수 정의, 풀이법 → 문장구조	·자율활동	→ 학급임원 선발	·학급 임원 공약 세우기 1. 학급특색활동 만들기 2. 학급스터디 그룹 운영 3. 1년 프로젝트: 학급 영상 제작
화	9	·수학 II ·언어와 매체 ·사회문화	→ 도함수 개념, 풀이법 → 매체의 종류와 특징 (뉴미디어)	·자율활동 (학교폭력 예방교육)	→ 학교폭력 예방 캠페인 UCC 만들기 도전!	·매체 속에 드러난 사회문화탐구 (사회문화 과목과 연계)
수	10	·윤리와 사상 ·영어독해와 작문	→ 롤스, 노직 '정의관' (독서로 지식 확장하기)			·수행평가: 자신의 진로 관련 영어 에세이 작성 준비
목	11	·문학	→ 인문학의 가치	·실험 동아리 활동	→ 총 8회 실험 계획 회의	·다음 주 동아리 시간 실험 준비 1. 실험과정 미리보기 2. 실험 준비물 챙기기
금	12	·생명과학 I	→ 동물실험 찬반 토론	·진로활동	→ 담임 선생님 진로 상담	·진로계획서 작성해서 제출하기
토	13	·국어 수행 준비 ·수학 목표량 학습 ·영어 목표량 학습	→ 주제: 한글 창제 → 문제집 5페이지 → 지문 독해 3개			·국어 수행 준비: 한글 창제 과정과 한글 특징 조사
일	14	·국어 수행 준비 ·수학 목표량 학습 ·영어 목표량 학습	→ 주제: 한글 창제 → 문제집 5페이지 → 지문 독해 3개	·봉사활동	→ 멘토링 봉사 2시간	·영어 수행 준비
독서		·고등학생이 읽는 서양 철학사(이OO): 목표 독서량 ~ 50쪽까지				
플랜		·과목별 학습노트 마련+과목별 시험 유형 파악 ·수학 오답노트 준비하기 ·영어 단어 매일 목표량 달성하기 ·이번 주 수행평가 일정 확인하기		·논술대회 준비: 인공지능 장/단점 정리 및 나의 의견 준비 ·다음 주 봉사활동 일정 친구들과 논의하기		

구분		세특		창체		개인/과제
요일	날짜	과목	키워드	항목	내용	
월	8					
화	9					
수	10					
목	11					
금	12					
토	13					
일	14					
독서						
플랜						

학년	내용	7월	8월	9월	10월	11월	1
고1	주요 일정		• 고1 ~ 고3까지 주요 학사일정을 안내합니다. • 자신의 일정과 비교하며 학사계획을 수립해주세요. • 주요일정을 확인하여, 미리 준비해 나가시기 바랍니다.				
	교과						
	비교과						
고1 ~ 고2	주요 일정	• 1학기 성적표 배부 • 1학기 학생부 기록 마감 ①	• 여름방학 • 1학기 학생부 기록 마감 ②	• 9월 학력평가(교)		• 11월 학력평가(교)	• 2학기 성 • 2학기 학 마감 ①
	교과	• 1학기 2차 지필평가	• 기초학력 준비 (내신+9월 학력평가 대비)	• 과목별 수업 특성 파악	• 2학기 1차 지필평가	• 수행평가	• 2학기 2
	비교과	• 동아리/세특 • 대학탐방, 전공체험	• 독서/봉사/진로	• 자율/동아리/세특	• 독서/봉사/진로	• 대회 참여 • 동아리/독서/세특	• 학생부 보완
고2 ~ 고3	주요 일정	• 1학기 성적표 배부 • 1학기 학생부 기록 마감 ①	• 여름방학 • 1학기 학생부 기록 마감 ②	• 9월 학력평가(교)		• 11월 학력평가(교)	• 2학기 성 • 2학기 학 마감 ①
	교과	• 1학기 2차 지필평가	• 기초학력 준비(내신+9월 학력평가 대비)	• 과목별 수업 특성 파악	• 2학기 1차 지필평가	• 수행평가	• 2학기 2 • 내신 전 • 수능 선
	비교과	• 동아리/세특 • 대학탐방, 전공체험	• 독서/봉사/진로	• 자율/동아리/세특	• 독서/봉사/진로	• 대회 참여 • 동아리/독서/세특	• 학생부 보완
고3	주요 일정	• 7월 학력평가(교) • 학기말 성적표 배부 • 1학기 학생부 기록 마감 ②	• 여름방학 • 1학기 학생부 기록 마감 ②	• 9월 학력평가(평)	• 10월 학력평가(교)	• 대학수학능력평가	• 2학기 마감
	교과	• 대학별 최종 내신 산출 • 수능 최저 지원 결정	• 9월 학력평가 대비		• 2학기 1차 지필평가		• 2학기 2
	비교과	• 학생부 평가요소 분석	• 학생부 활동 최종 보완				
	실전 대입	• 대학 선택 ① • 자기소개서 작성 ①	• 대학 선택 ② • 자기소개서 작성 ② • 수능 원서 접수	• 수시 원서 접수 • 대입 면접 준비	• 대입 면접/논술 준비 및 응시	• 대입 면접/논술 준비 및 응시	• 정시 원

월별 학사 일정표

2월	1월	2월	3월	4월	5월	6월
	•겨울방학 •고등학교 과정과 대입 이해하기		•입학 •3월 학력평가(교) •담임선생님 상담			•6월 학력평가(교) •선택과목 조사
	•기초학력 준비(내신+3월 학력평가 대비)		•과목별 수업 특성 파악	•1학기 1차 지필평가	•수행평가	•1학기 2차 지필평가
	•독서 •진로 및 대학 탐색		•동아리 선택 •학생회/임원 선택	•봉사활동 탐색	•대회 참여 •동아리/독서/세특	•독서/봉사/진로
적표 배부 생부 기록	•겨울방학	•겨울방학 •2학기 학생부 기록 마감 ②	•3월 학력평가(교) •담임선생님 상담			•6월 학력평가(교) •선택과목 조사
차 지필평가	•기초학력 준비 (내신+3월 학력평가 대비)	•기초학력 준비 (내신+3월 학력평가 대비)	•과목별 수업 특성 파악	•1학기 1차 지필평가	•수행평가	•1학기 2차 지필평가
활동 최종	•독서/봉사/진로	•독서/봉사/진로	•동아리 선택 •학생회/임원 선택	•동아리/독서/세특	•대회 참여 •동아리/독서/세특	•독서/봉사/진로
적표 배부 생부 기록	•겨울방학	•겨울방학 •2학기 학생부 기록 마감 ②	•3월 학력평가(교) •담임선생님 상담	•4월 학력평가(교)	•대학별 모집요강 발표	•6월 학력평가(평) •대학 모의논술/면접 신청
차 지필평가 과목 보완 박과목 선택	•내신 전략과목 보완 •수능 선택과목 학습	•내신 전략과목 보완 •수능 선택과목 학습	•과목별 수업 특성 파악 •내신 전략 수립	•1학기 1차 지필평가	•수행평가	•1학기 2차 지필평가
활동 최종	•전공 독서활동 •봉사활동 •지원 학과 선택	•전공 독서활동 •봉사활동 •자소서 개요 작성 연습	•동아리 선택 •학생회/임원 선택	•동아리/독서/세특	•대회 참여 •동아리/독서/세특	•독서/봉사/진로
생부 기록	•겨울방학	•졸업	나의 목표 대학 :			
차 지필평가						
서 접수	•정시 전형 기간	•최종 등록